GISELA FORSTER

HEIRATE
NIEMALS
EINEN
ALKOHOLIKER

Geschichten vom Leiden
in Alkoholikerfamilien

Dr.phil. GISELA FORSTER:
Heirate niemals einen Alkoholiker
Geschichten vom Leiden
in Alkoholikerfamilien
dr.gisela.forster@forestfactory.de

Mit-Autorin:
Dipl.-Psych.SYLVIJA SCHÖNWEITZ
silvijaschoenweitz63@gmail.com

ISBN 9781797093987
Verlag Kindle 2019

für alle Kinder, Frauen und Männer, die

in Alkoholikerfamilien leben müssen

für meinen Sohn Thomas Johannes,
der mit 12 Jahren in eine Alkoholikerfamilie
geriet, unendlich viel Leid erfuhr,
und mit 29 Jahren starb

für meine Tochter,
die mit 9 Jahren das Leid
einer Alkoholikerfamilie
ertragen musste und unsagbar litt

für meine Enkelkinder, die hoffentlich nie dem
Alkohol verfallen

für meine Mutter Viktoria,
die mir immer wieder Heimat gab

und für meine Chefin Anita,
die mich aus der Misere herausholte

VORWORT

Wenn ich das niederschreibe, schäme ich mich
ohne Ende. Ich schäme mich, weil die Dinge so
passiert sind, wie ich sie schildere, ich aber
immer noch meine, dass ich darüber schweigen
muss.

So wie alle die anderen Frauen immer weiter
darüber schweigen, dass sie in die Falle Alkohol
geraten sind oder sich in einen
Alkoholabhängigen verliebt oder ihn geheiratet
haben.

So wie alle Männer schweigen, die in die Falle
Alkohol geraten sind oder sich in eine
Alkoholabhängige verliebt oder diese gar
geheiratet haben.

So wie die Kinder schweigen, deren Leben durch
den Alkohol eines Elternteils zerstört wurde.

So wie Eltern schweigen, die hilflos zusehen
müssen, wie ihr Kind in die Alkoholfalle geraten

ist.

Sie alle schweigen, weil sie sich so schämen,
dass das gerade ihnen passiert ist. Und sie
werden gezwungen, weiter zu schweigen, weil es
so eklig, so verabscheuungswürdig, so minder ist,
dass es da in Familien diesen Alkoholiker gibt -
und weil ihnen von allen Seiten signalisiert wird,
dass ja vor allem sie, die Angehörigen, daran
schuld sind, weil der Familienangehörige trinkt
und nicht aufhört, eben weil sie selbst - jede und
jeder von ihnen - ständig versagt.

Sie sollten doch alle den Trinkenden oder die
Trinkende liebevoller behandeln, ihm oder ihr
öfters Kuchen backen, seine oder ihre sexuellen
Neigungen verstehen und lieb zu ihm oder zu ihr
sein, so die allgemeine Meinung und Diktion,
dann würde der Alkoholiker oder die
Alkoholikerin nicht trinken!

So kommt zur Scham darüber, dass das so ist, das
Gefühl des Vollkommenversagthabens dazu.

Andere hätten es sicher geschafft, in solch einer
tiefdurchtrunkenen Situation wieder den
Horizont zu finden und die Familie wieder zu
heilen.

Man selbst hat es nicht geschafft. Man ist
gescheitert. Alles ist kaputt gegangen:
Die Familienzusammengehörigkeit, das
Miteinander, die Ehe, die Elternschaft, die
Verwandtschaft, der Job, die Freizeit, das
Zueinanderhalten, ja sogar das Überleben.

Man schämt sich, das zu sagen. Man schämt sich,
darüber zu schreiben. Man sucht ein Pseudonym,
um nicht mit eigenem Namen genannt zu
werden.

Man tut so, als wäre man es nicht.

Man versteckt sich hinter Worten, hinter Sätzen,
hinter Lügen, hinter Ausweichen.

Und weiß doch im tiefsten Inneren:
Es ist so, der Alkohol hat meine Beziehung,
meine Ehe, meine Liebe zerstört.

Schweigend, mit dem Schicksal und mit der
Droge hadernd und kämpfend sucht man neue
Wege...

... und doch wird man die alten nicht los.
Verfolgen einen die Häme und der Hass der
Verwandtschaft, der Nachbarn, der Mitbewohner.

Wenn einer stirbt, dann lügt man, dass es nicht
der Alkohol war, sondern ein blöder Sturz, ein
unverschuldeter Autounfall, eine schwere
Krankheit.

Das alles ist ja erlaubt, erlaubt im Leben, erlaubt
im Sterben.

Aber Alkohol, das ist nicht erlaubt. Das gibt nur
Verachtung und erniedrigende Bemerkungen.
Das setzt die Angehörigen schutzlos einer

lachenden Masse von Wesen gegenüber und alle
ziehen mit Witzen und Abwertung über die
Betroffenen her.

Alkoholkrankheit ist die schlimmste Krankheit.
Sie ist nicht eine Krankheit wie eine andere, für
die etwas empfunden wird, die Menschen
empathisch und tief mitfühlend macht, nicht eine,
die Hilfspakete schicken und Genesungskarten
schreiben lässt.

Alkoholkrankheit ist schlimmer als eine Pest,
schlimmer als eklige dunkle Pocken, schlimmer
als eitriger Ausschlag und entsetzlicher als ein
schnell wucherndes Gewächs.

Alkoholkrankheit ist der Gau der empfangenen
und zu erwartenden Verachtung und
Verhöhnung.

Sollen wir Frauen und Männer oder Kinder von
Alkoholkranken dies länger so mitmachen?

Sollen nicht diejenigen, die alles klar sehen, den
Mut haben, sich nicht länger zu verstecken?

Sollen wir länger den leicht zugänglichen
Schnaps im Regal tolerieren und wegschauen?

Sollen wir länger darüber schweigen, wie
Familien leiden und zu Grunde gehen, wenn das
Familienmitglied Alkohol den Einzug ins eigene
Heim vorgenommen hat und niemand die Droge
mehr hinaus bringt?

Dieses Buch möge allen, die betroffen sind und
auch denen, die keine Ahnung davon haben, wie
sehr und wie viel Alkohol zerstören kann, Mut
machen.

Mut zu einem NEIN, der Droge Alkohol
gegenüber.

Mut zu einem NEIN dem Alkoholiker oder der
Alkoholikerin gegenüber

MUT zu einem JA:
Neue Lebenswege zu starten.

Es möge allen, die sich zutiefst schämen, dass in
ihrer Familie oder Nachbarschaft ein Alkoholiker
lebt, signalisieren: Sag es laut, verschweige es
nicht länger, begebe Dich nicht in das tiefe Tal
der Einsamkeit und nicht in das Diktat anderer,
die sagen, dass Du daran schuld bist.

Du bist nicht schuld als Ehemann oder Ehefrau,
wenn Deine Partnerin oder Dein Partner
Alkoholiker ist, Du bist nicht schuld als Kind,
wenn Dein Vater oder Deine Mutter maßlos
trinken. Du bist nicht Schuld als Elternteil, wenn
Dein Kind den Alkohol gewählt hat.
Du bist nicht Schuld als Kollege oder Kollegin,
wenn sich Dein Geschäftspartner regelmäßig
betrinkt.

Aber DU bist schuld, wenn Du schweigst, wenn
Dein Familienangehöriger, Dein Ehemann oder

Deine Ehefrau, Dein Chef oder Mitarbeiter im Rausch Dritte schädigt, wenn er oder sie Patienten operiert, obwohl er oder sie voll betrunken ist, wenn er oder sie ein Auto chauffiert obwohl er oder sie die Straße nicht mehr sehen kann, wenn er oder sie Euer Kind schlägt, weil er im Alkoholrausch zum Gewaltmenschen wird, wenn er oder sie, den Ehepartner, die Partner, die Mutter oder den Vater überfällt und massakriert.

Dann musst Du den Mut haben, den Alkoholmissbrauch laut zu benennen. Auch wenn Dich der Alkoholkranke auslacht, beschuldigt, schlägt, verachtet und verhöhnt.

Schau nicht weg! Sage, was los ist.

So habe ich dieses Buch geschrieben und stehe dazu, auch wenn die Alkoholikerverwandtschaft und der Alkoholiker mich deswegen am liebsten mundtot machen würden.

Dr. Gisela Forster

INHALT

Heirate niemals einen Alkoholiker

TEIL I DIE SITUATION

I. Wenn Frauen oder Männer einen Alkoholiker
oder eine Alkoholikerin heiraten
II. Alkoholiker sind keine Säufer

TEIL III

DIE KINDER

Kind I

I. WENN FRAUEN ODER MÄNNER EINEN
ALKOHOLIKER ODER EINE
ALKOHOLIKERIN HEIRATEN

Wenn Frau heiratet, dann wählt sie einen
freundlichen, interessanten, fröhlichen,
humorvollen, sensiblen und interessanten Mann.
Zurecht.

Doch all diese Eigenschaften haben auch

Alkoholiker. Sie sind sogar besonders freundlich, einfühlsam, humorvoll und interessant. Leider.

Das was Alkoholiker auch noch sind, erfährt die Partnerin oder erfährt der Partner nicht.

Bleiben wir beim ersten Eindruck: Alkoholiker zeigen sich primär atemberaubend einfühlsam und sensibel, was sie nicht zeigen ist, sie sind SÜCHTIG!

Das bedeutet: Sie können ohne Alkohol nicht leben, nicht denken, nicht freundlich und auch nicht interessant sein.

All diese positiven Erscheinungsweisen schaffen sie nur MIT dem Alkohol.

OHNE Alkohol sind sie schwermütig, depressiv, leicht verletzlich, unzufrieden bis hin zu unerträglich, belastend, zerstörend, vernichtend, Boden wegziehend, Familien ruinierend, Kinder erniedrigend, Familienangehörige verletzend,

Ehefrauen degradierend, Menschen hassend und
zutiefst einsam.

Alkoholiker müssen wegen dieser Strömungen in
ihrem Inneren in die Alkoholsucht gehen. Das ist
keine Laune oder ein Versehen, sondern ein
Diktat ihres Seins, nur so können sie überleben.

Dass das so ist, wissen Alkoholiker nicht. Sie
wissen es nicht vorher, nicht zwischendurch und
nicht danach.

Deshalb kann man sie eigentlich auch gar nicht
verurteilen oder ihnen Schuld zu sprechen. Sie
haben sich dieses Leben in der Sucht nicht
speziell gewählt, sondern die Sucht hat sich wie
ein Eimer oder Albtraum über ihren Kopf und
Körper gestülpt und die Einzelnen darunter
begraben.

Weder unter einem Eimer noch unter einem
Albtraum kann mensch denken, analysieren und
realisieren. Mensch kann nur hoffen, dass der

Eimer einmal verschwindet, am besten durch
eigenes Handeln, also sich selbst den Eimer vom
Kopf ziehen, wenn das möglich ist.

Zwischendurch gibt es nur ein Leben mit dem
Alkohol: Ein entsetzliches Leben, ein
fremdbestimmtes Leben, ein Leben zwischen
kurzen Wachmomenten und viel Gestorbensein.

Ein Leben ohne Wissen über die Mächte und
Zusammenhänge der Droge, über die
Auswirkungen und die Zerstörungskraft.

Alkoholiker wissen nicht und ahnen nicht mal
wie abstoßend, schmuddelig, eklig, betrunken,
lallend, erniedrigend sie sind. Sie wachen immer
wieder aus dem Rauschzustand auf und meinen,
die Welt und alle Menschen sind wieder so in
Ordnung, wie sie glaubten, dass diese in Ordnung
waren, als sie begonnen hatten, die Säuferwege
zu beschreiten.

Sie wissen nicht wie schrecklich, zerstörerisch und hassend sie sich während der Alkoholräusche aufgeführt haben.

Sie wissen gar nichts und wollen auch nichts wissen. Sie wollen nicht hören, was war in den zwei Tagen, in denen sie betrunken auf der Erde lagen, oder sich im Hausflur verkrochen, oder in der Wohnung so randalierten, dass die Kinder nicht schlafen konnten.

Sie wissen nicht, wie die Ehefrau unter Tränen im Badezimmer Schutz gesucht hat, weil der Betrunkene sie durch die Wohnung verfolgt hat.

Sie wissen nicht, wie die Welt um sie herum erzitterte und vor Angst bebte.

All das wissen sie nicht.

Sie haben nach dem Rausch zwar einen schweren Schädel, aber der vergeht, am besten, wenn sie möglichst schnell wieder anfangen zu trinken,

wenn sie wieder in diese fantastische
Märchenlandschaft des Betrunkenseins
einsteigen, nur noch weiße Pferde sehen, die dem
Abendrot entgegen galoppieren und am
Wegesrand roten leuchtenden Mohn zu erspähen
glauben und dazwischen Enzian und Thymian
erblühen sehen, alles in rein gelbem Naturflair.

Sie wissen nichts davon, was um sie herum
vorgeht, wie die Menschen fliehen und Schutz
suchen, wie sie sich verstecken, wie sie vor
Angst die Türen zubinden und nachts ins Dunkel
hinaus eilen, nur um in Sicherheit zu kommen.

Sie wissen es nicht und sie wollen es auch nicht
wissen, denn die Welt des Alkoholikers ist so
schön, so heiter, so zufriedenstellend, so ergiebig
und so glücklich.

Betrunken sein, ist schön, meinen sie, was spricht
dagegen?

Wenn Männer eine Alkoholikerin heiraten, dann

sind sie auch fasziniert von der Leichtigkeit, der
Intelligenz, der Kreativität und der Spontaneität
ihrer Auserwählten.

Alkoholikerinnen strahlen ebenso wie
Alkoholiker eine unbändige Lebensfreude und –
hingabe aus. Sie brillieren auf einem kreativen
Gebiet, zeigen große Weiten wenn es um Kunst
und Musik und Literatur geht. Äußern sich gerne
zu vielen Themen des Lebens, sind offen,
gemeinschaftlich, freudvoll und beglückend...

...einfach wunderbar -

aber all das sind sie eben auch nicht, weil sie
Alkoholiker und Alkoholikerinnen sind.

II. ALKOHOLIKER SIND KEINE SÄUFER

Außenstehende meinen oftmals, Alkoholiker und
Säufer sind die gleiche Art von Mensch.

Dem ist aber nicht so.

Ein Säufer ist ein mehr oder weniger angenehmer
Artgenosse. Er geht abends ins Wirtshaus oder
zum Starkbier oder nach Andechs, trinkt dort
eine oder zwei Maß, geht dann erleichtert und
zufrieden wieder heim, ist friedlich und legt sich
ins Bett. Am nächsten Morgen fühlt er sich etwas
lädiert, aber das gibt sich nach ein bis zwei
Tabletten.

Ein Alkoholiker dagegen ist ein Mensch, der trinken muss, um zu überleben. Er kann das Leben nicht meistern, nicht verstehen, nicht durchhalten, wenn er nicht trinkt.

Das ist schwer zu begreifen – und Menschen, die das nicht erlebt haben, begreifen es überhaupt nicht.

Also nochmals konkreter:

Alkoholiker haben ein so ramponiertes, zerstörtes, geringaufgebautes Selbstvertrauen, sie haben so wenig Achtung vor sich selbst, so wenig Hoffnung in die Welt und die Zukunft, so wenig Mut, das Leben zu wagen, so wenig Zuversicht, wichtige Entscheidungen zu treffen, so wenig Güte, Gnade, Vertrauen in ihr eigenes Ich, dass sie die Kraft, die der Alkohol ihnen vermeintlich gibt, zum Überleben brauchen. Alkohol macht mutig und stark, gibt Selbstvertrauen, lässt die Sprache locker werden, eröffnet Kontakte, gibt Stärke ...

… zumindest in den ersten Minuten, in denen
man dieses Mittel in sich hinein schüttet.

Schaut man Alkoholiker an, wie sie trinken, so
sieht man diesen Genussmoment, mit dem sie
ihre Lippen spitzen, den Feuereifer, mit dem sie
das Glas berühren, die Verzückung, wenn der
erste Schluck auf ihrer Zunge landet und die tiefe
Befriedigung, wenn er drin ist, der Alkohol und
seine großartige wunderbare Gabe, den
Menschen sofort zu verändern und zu einem
Gorilla, einem Herkules, einem Goliath zu
verwandeln.

Es dauert in der Tat ja nur Sekunden oder wenige
Minuten bis diese nahezu göttliche,
allumfassende, mächtige Wirkung einsetzt -
dann ist sie da, dann liegt sie wie eine Fata
Morgana, ein ersehnter Lebensquell, über einem,
dann kommt sie, dann überschüttet sie, - diese
Zauberwirkung, diese Himmelsöffnungsdroge,
diese Macht, diese unendlich unermesslich große

omnipotente Wirkung der Verglorreichung des
eigenen Seins.

Und dann, wenn man oben ist, auf dem Gipfel
der Verzückung des eigenen Ichs, dann kommt
das Schweben, das Gleiten über Wolken der
Selbststabilisierung, der Hoffnung, der
Zuversicht, der Sicherheit über sich selbst:

Ich bin wer, ich bin gut, ich bin mächtig, ich bin
stark, ich schaffe alle Schrecknisse, ich bin eine
Heldenfigur, ein Macher, ein Könner, ein
Wichtiger auf dieser Welt.

Und Ihr alle, Ihr könnt mir nicht das Wasser
reichen, Ihr Schwachen, Ihr zögerlichen, Ihr
armen, Ihr Selbstzweifelnden, Ihr Sorgenden, Ihr
Demütigen und Ihr Schwachen, Ihr seid doch ein
nichts gegen mich,

ich bin Euer König - und nicht nur Euer, ich bin
der König der Welten, der Herrscher des

Firmaments, der Sieger aller Seienden.

Es folgt ein Jubel ohne Ende, in das der
Alkoholiker einsteigt und mit jedem Schluck
kommt er eine Wolke höher Richtung Himmel.
Es öffnen sich die Glanzströme der Firmaments,
es leuchtet die Welt in strahlendem Gold und er,
der Alkoholiker, ist mitten darunter: Welch eine
Wonne!

Säufer haben diese Höhenflüge nicht. Sie trinken
und freuen sich, aber mehr nicht. Sie müssen
nicht in die göttlichen Höhen steigen, sie
brauchen nur dieses angenehme kühle Nass auf
den Lippen und sind zufrieden.

III. DER HÖHEPUNKT DES
ALKOHOLIKERS

Beim Dahingleiten auf den Wolken des
selbstsicheren Seins, ist der Alkoholiker nur
Sieger, aber er ist noch nicht der Höchste. Das
muss er erst erreichen. Und das wird und will er
schaffen. Denn er kennt genau dieses Gefühl der
Erlösung, der Gipfelbesteigung, der
Höhenrauschzufriedenheit und dahin muss er.

Es ist ein Gefühl das dem Orgasmus ähnelt: Man
will starten, man will hochkommen, man will
sich hineinsteigern und irgendwann will man nur
noch ganz nach oben, man will dieses enorme

bewegende, alles vernichtende und
verdrängende, zurückstoßende und alle
besiegende Gefühl bekommen, ganz oben zu sein
- deshalb: Immerzu hinauf eilen, immer einer
Gipfelbezwingung entgegen... man wird das
schaffen, man wird Sieger sein...

Man trinkt, man steigt, man trinkt weiter, man
steigt stärker, man trinkt noch ein Glas, der
Höhenweg wird sichtbar, man schwenkt nach,
der Weg zerstört das letzte Wolkenband, man
lässt den Alkohol hinein gleiten und dann ja dann
erreicht man den Gipfelweg, sieht das Kreuz,
sieht die Erlösung und Entspannung, so wie man
beim Anstreben des Orgasmus, zu einem
bestimmten Moment weiß, man wird es schaffen,
der Orgasmus wird kommen, möge mich
niemand mehr stören, möge niemand mehr
mahnend neben mir stehen, möge niemand mich
aufhalten.

Ich will den Höhepunkt erreichen, ich will, ich
muss, ich setze alles daran, ich stoße alle weg,
die mich hindern wollen, ich höre nicht auf
Andere, ich kenne nur mich, nur mein Bedürfnis,
nur meinen Wunsch, alle Anderen sind mir mehr
und mehr und völlig und vollkommen egal. Ich,
ich, mein Ich wird gewinnen.

Und, siehe da, es tun sich die Wolken auf, es
öffnen sich die strahlenden Himmel und ich
steige hindurch.

Ich schaffe es, er ist da:
Der Himmel der Könige - und ich lasse dieses
Gefühl der unendlichen Stärke und des niemals
in Frage gestellten Ichs über mich ergießen und
sudle mich hinein, und ich weiß, der Punkt der
grandiosen Erlösung kommt - und ich bin dabei:
Oh Welten, oh Schönheit, oh Vollkommenheit...

Geschafft, erreicht, der Orgasmus des
Alkoholikers hat funktioniert.

Der Gipfel ist erreicht.

Nun sinke ich nieder, hinab auf die Erde, wo ich
gerade gestanden habe, ich lasse mich willenlos
in den Dreck fallen, oder auf den Küchenboden,
oder den Wohnzimmerteppich, oder die
Badewanne oder neben die Toilette, oder mit
dem Kopf ins Waschbecken, das alles ist mir
egal, ich bin Ich, ja Ich bin der king, der Größte,
was schert mich meine Umwelt, was irritiert
mich die Welt um mich, was belastet mich
irgendein Geschwätz einer Ehefrau, was
beeinträchtigt mich das Weinen meiner Kinder:
Ich, nur ich, bin das sagenhaft große tolle
Wesen...

...auch wenn ich jetzt verdreckt, lallend,
zerkämpft am Küchenboden liege...

...ich schlafe, oh ja, jetzt darf ich schlafen, denn
ich war oben auf dem Berggipfel und habe dort
meinen Namen in das Gipfelkreuz geschrieben,

so darf ich jetzt abgekämpft und verdreckt am
Badboden liegen...

Welt wie bist Du schön.
Ich selbst: Wie bin ich wunderbar!

IV. NACH DEM RAUSCH

Schlafen ist auch Erlösung, so wie vorher das
Bergbesteigen die unendliche Wonne und das
Gipfelerreichen das Höchste an Glück war, so ist
jetzt das Schlafen die Vollendung der Exkursion.

Hingeben an das Ohnmächtigsein, einen kleinen
Tod des Geistes zulassen, jede Verantwortung
abgeben, nur noch sich ergeben, denn alles war
erreicht.

Welch ein Glücksgefühl. Möge es lange dauern:
10 Stunden, 14 Stunden, Hauptsache es hält an.

Aber es hält nicht immer an, denn plötzlich
schmerzt der Kopf, die Kehle ist trocken, die
Hände sind feucht, die Kleidung verschwitzt, die
Situation erniedrigend...und alle Menschen sind
weg. All die Leute, die man gerade noch besiegt
zu haben glaubte, sind auf einmal verschwunden.

Allein liegt man nun auf dem Küchenboden, oder
auf den Badfliesen, oder im Treppenvorraum,
allein, ganz allein.

Verdammt und der Kopf tut so weg. Was soll das
denn, alles war doch so schön gewesen.

Oh Welt, oh Wein, wo bist Du, du tröstendes
Bier, wohin hat meine Alte denn den Schnaps
versteckt?

Diese blöde Ehefrau, keine Ahnung von nichts,
der werde ich es zeigen. Ich bin hier der Herr im
Haus, ich bin der beste, der Sieger. Was bildet sie
sich denn ein, will sie denn auch mitreden und
hat von nichts eine Ahnung.

Aber sie sind ja alle weg, also aufstehen. Wenn
das nur ginge, verdammt, der Kopf tut weh, die
Beine sind schwer, die Kleider kleben, die Hände
haben keine Kraft, die Augen sind trübe...

...so kann das doch nicht bleiben, wo ist denn
das Glas mit dem Alkohol, das so wunderbar
helfen kann.

Nichts da, alles von der blöden Tussi
weggeschafft, aber der werde ich es zeigen: Mich
so im Stich lassen, mir die Verantwortung
absprechen...oh ja, da ist ja noch meine

Aktenmappe: Und in der immer die letzte
Flasche Rotwein, für alle Fälle, die muss ich jetzt
öffnen, kann ja sonst nicht überleben.

Der Korkenzieher ist auch nicht da. Diese Frau
macht mich noch wahnsinnig: Entmündigt mich.

Nimmt mir mein letztes Hemd, entkleidet mich
bis hin zu einem Nackten, aber das lasse ich mir
nicht gefallen. Ich weiß, wie man Weinflaschen
öffnet: Die Zahnbürste, die Bohrmaschine, den
Handbohrer, den Kochlöffel, ist doch alles da
und ist ja nur eine Nothilfe. Denn so kann man
doch nicht bleiben, so beschmutzt, so übel, so
mitgenommen, da muss man sich doch selbst
helfen. Oh Glas ist auch keines da, hat die blöde
Alte auch noch weggeräumt, die kann mich mal,
ist jetzt wohl in der Arbeit, lässt mich so allein
hier am Boden liegen, die kümmert sich ja
überhaupt nicht um mich, da kann man ja nur
trinken, um das durchzuhalten diese
Vernächlässigung, diese Ignoranz, dieses im
Stich lassen, welch eine blöde Ehefrau, welch

eine rücksichtslose, welch eine minderbemittelte,
wehe, wenn die von der Arbeit heimkommt, der
werde ich mal Tacheles sagen, ihren Ehemann so
im Stich lassen, so draufgehen lassen, so
ignorieren...

Jetzt die Flasche ist geschafft, oh wie erlösend
der Rotwein riecht. Prost zu mir: Glas brauch ich
keines, ich kann auch so. Wäre ja fast verdurstet,
so wenig bin ich den anderen wert...

... aber jetzt gehörst Du wieder mir:
Du köstlicher, Du wunderbarer, Du
problemlösender Alkohol.

V. DER ALKOHOLIKER UND SEINE KINDER

Ja Kinder fand ich immer gut. Ist doch toll, wenn
man Kinder hat, macht sich auch gut und stärkt
das Selbstbewusstsein. Aber bitte nur Kinder, die
nicht pausenlos Ärger machen, die nicht laut
sind, die keine Fragen bei den Schularbeiten
haben, die nicht aufmüpfig sind oder
Taschengeld wollen.

Brave Kinder, zarte Kinder, liebenswerte Kinder,
problemlose Kinder, das sind meine Kinder.

Ich bin stolz auf sie, was sie schaffen, aber wenn
sie nichts schaffen, sind sie mir rundherum egal.
Werde ich mich einfach nicht um sie kümmern,
werde keine Nachhilfe zahlen und selbst mach
ich diese Dreckarbeit doch sowieso nicht. Bin ich
denn der Depp der Schule, oder der unbezahlte
Nachhilfelehrer, oder der Könner des Unterrichts.

Nein, meine Guten, ohne mich, solch eine
Drecksarbeit nicht mit mir.

Lernt Ihr alleine, fragt eure Mutter, die hat

sowieso zu viel Freizeit, arbeitet Teilzeit und tut
den ganzen Nachmittag nichts, da kann sie Euch
ruhig noch diese blöden Zahlen erklären. Ich
mach das nicht, ich habe doch studiert, ich bin in
der Chefetage...

Auch Kinderfest und so Krampf, dafür
interessiere ich mich nicht. Sind dann noch mehr
so blöde laute und fordernde Kinder da. Ohne
mich. Ich lese meine Zeitung, muss ja wissen,
was in der Welt so vor sich geht, aber alles
andere, solch ein Kinderkram und
Drecksspielerei - all das ist mir egal.

Sollen die Kinder doch hingehen wo sie wollen,
oder die Alte soll sich um die Kinder kümmern,
die wollte sie ja schließlich haben.

VI. DER ALKOHOLIKER UND SEINE EHEFRAU

Mein Alte, na die ist mir sowieso egal.

Ich war ja von Anfang an skeptisch, ob das mit der Ehe was wird. Mir hätte auch eine andere Lebensform gepasst: Weniger Aufsicht, mehr Selbstverwirklichung.

Aber das Vermögen, das ihre Eltern mitgegeben haben, ihr Haus, ihr Auto, haben mich natürlich schon gereizt.

Da dachte ich, das alles behältst du, ist ja eine gute Sache, und die Schwiegereltern mögen mich ja auch.

Später hat sich die Alte dann doch als unerträglich entpuppt. Zunächst hat sie ja nicht gemerkt, dass ich gerne trinke, wenig zwar, aber doch. Ich habe sehr darauf geachtet, dass sie es nicht mitbekommt, habe immer Gäste eingeladen, die auch getrunken haben, und da konnte ich meine Weingläser leicht dazwischen stellen.

Manche Gäste waren dann aber richtig pampig. Die haben ein Glas getrunken und mich beim Einschenken des fünften Glases dann blöd angeschaut.

Auch wollten sie sich mit mir nicht unterhalten, wenn ich so richtig in Fahrt kam und endlich Tacheles über die Welt und die Justiz und die

Politik sagen wollte.

Manche sind dann schnell gegangen, aber die offenen Weinflaschen mussten natürlich noch geleert werden. Das habe ich dann alleine gemacht.

Meine Alte hat sich nicht darum gekümmert, sie ging ins Bett, wann sie wollte, und ich saß dann eben da und habe alles in Ordnung gebracht.

Meist bin ich dann auch gleich am Sofa eingeschlafen.

Nach einem halben Jahr etwa, wurde meine Alte dann schwierig. Sie schaute die Weinflaschen so komisch an, fing an zu zählen, machte blöde Bemerkungen von wegen:
Meinst Du nicht, es wäre zu viel Alkohol?

Ich entgegnete immer mit Entrüstung: So eine blöde Frage, ich habe doch keinerlei Probleme.

Wenn ich zur Toilette ging, schüttete sie die

halbe Weinflasche schnell ins Waschbecken. Ich
habe das natürlich sofort bemerkt und war richtig
stinke sauer: Den guten teuren Wein weg
schütten. So ging ich erst auf die Toilette, wenn
die Alte schon ins Bett gegangen war. Dann
konnte ich den guten Wein in Ruhe fertig trinken.

Stunk gab es dann trotzdem, denn wenn ich die
ganze Nacht trank, kam sie öfters, wie sie meinte,
um nachzusehen, aber das war wirklich
unangenehm.

Am Anfang habe ich das ja noch so weg
gesteckt, aber mit der Zeit war es nicht mehr
auszuhalten. Echt eklig war das, als sie immer
wieder so im Nachthemd an der Türe stand und
meinte, die Weinflaschen wären noch da. Klar
waren sie da, was denn sonst, hätte ich sie zum
Glascontainer tragen sollen, mitten in der Nacht.

Mit der Zeit habe ich die Weinflaschen dann aber
doch nicht mehr am Tisch stehen lassen, die Alte

musste sich ja nicht noch mehr aufregen. So habe
ich sie hinter den Vorhang gestellt und am
nächsten Tag dann von dort direkt zum
Glascontainer gebracht.

Aber auch das hat die Alte gemerkt. Man war vor
ihr immer weniger sicher.

Irgendwann hat es mir so gereicht, dass ich das
Rotweinglas auf sie geschmissen habe, als sie
wieder so fragend auf der Treppe stand. Hat sich
dann der Restrotwein über ihr Nachthemd
ergossen. Schade um den guten Wein. Aber gut
war:
Die Alte blieb dann einige Nächte weg.

Später habe ich noch Kreuze und Vasen und
Tassen gegen sie geschmissen, als sie gar nicht
mehr aufhören konnte, mich zu belauern.

Nervig solche Ehegesponse. Hätte sie gar nicht
heiraten sollen, dann hätte ich machen können
was ich wollte.

VII. Der ALKOHOLIKER UND SEIN JOB

Ich hatte immer gute Jobs, war ja auch ein guter
Schüler gewesen und auch mein Studium hatte
ich mit guten Ergebnissen geschafft.

Später war es für dann nicht mehr so einfach,

pünktlich zur Arbeit zu kommen: Die Alte in der
Nacht mit ihrem kritischen Blick hat mich ganz
schön vom Schlafen abgehalten, da konnte ich
morgens natürlich nicht korrekt aufstehen und
zur U-Bahn gehen.

Mein Chef hat das natürlich bemerkt, aber er hat
nichts gesagt. Wäre ja auch zu blöd gewesen,
wenn der sich auch noch in diese
Familienangelegenheiten eingemischt hätte.

Alle auf Arbeit waren still.

Ich legte mir ein Konzept zurecht, dass ich
abends weniger zu Hause war, und mehr zu tun
hatte, und so die Abende zu Hause kürzer
wurden, damit auch die Auseinandersetzungen
mit meiner Alten weniger wurden, und damit
auch meine Möglichkeit, abends entspannt und
unbeaufsichtigt Rotwein zu trinken. So konnte
ich am nächsten Tag dann gelassener zur
Arbeitsstelle fahren.

Es ging, aber es war hart.

Meine Kollegen und mein Chef kamen aber mit meiner Tages- und Arbeitseinteilung nicht so vollkommen zurecht. Immer wieder fiel so ein komisches Wort, und es gab auch mal ganz blöde Gespräche, weil ich ein- oder zweimal zu spät zur Arbeit gekommen war oder mich in der Vormittagspause übergeben musste.

Die Hinweise darauf waren völlig unnötig, wegen solcher Lappalien muss doch nicht gleich ein solcher Aufwand gemacht werden ...

Irgendwann hatte ich das Arbeiten eh satt. Soll doch meine Alte das Geld verdienen, ich habe lang genug den Deppen gemacht und mich in diese Familie eingefügt. Blöde Familie.

VIII. DIE ANDERE FAMILIE

Viel besser ging es mir mit meiner
Herkunftsfamilie. Mein Vater hatte sich auch
nicht so eng auf meine Mutter eingelassen.

Konkret: Sie kümmerte sich tags und abends um
die Kinder, er arbeitete tags - und abends ging er
ins Wirtshaus.

Von dort haben ihn die Kumpels dann oft mit
dem Schubkarren heim gefahren.

Meiner Mutter war das egal. Sie sagte nichts, so
sollte eine Ehefrau sein.

Meine Brüder tranken auch: Sie tranken ja sogar

am meisten. Bei ihnen war immer was los, und es floss viel Alkohol. Richtig schön war es bei denen. Viel schöner als bei meiner blöden neuen Familie mit dieser zickigen Ehefrau.

So ging ich in der Freizeit eigentlich nur noch zu meinen Brüdern. Die machten die Weinflaschen auf, niemand schimpfte, und es wurde immer ein zünftiger lustiger Abend.

Meine Ehefrau hat einmal versucht, mit meinen Brüdern Kontakt aufzunehmen. Das war mir gar nicht recht und ich habe sie auch richtig geschimpft deswegen. Sie meinte, sie müsse den Brüdern sagen, sie sollten mir nicht so viel Wein einschenken. So ein Blödsinn.

Meine Brüder haben das meiner Frau auch gleich sehr deutlich gesagt: Sie verstünde nichts davon und solle ihren Mund halten.

Das hat mich gefreut, dass meine Brüder so zu mir gehalten haben.

Mit denen ging es immer viel entspannter zu, als in meiner jetzigen Familie.

Schon, als meine Tante zum Morgen Rotwein trank, hat sich niemand in meiner Familie aufgeregt. Man kann doch auch zum Frühstück Rotwein trinken und nicht immer nur diesen laschen Kaffee und dazu diese fahle Marmeladensemmel essen.

Also ich finde meine Herkunftsfamilie cool, und ich weiß, ich kann immer dort hingehen und einen lustigen Abend verbringen.

Auch in meiner früheren Arbeitsstelle haben wir unendlich viel getrunken. Die Kollegen waren sehr gesellig - so haben wir uns immer sonntags vormittags getroffen und zu einem großartigen Sektfrühstück angesetzt. Da gab es tolle Worte, viel Lachen und Wein und Sekt flossen im Überfluss. Richtig schön so ein Frühschoppen in der geselligen Männerrunde.

IX. DER KNALL

Meine Ehefrau wurde immer zickiger und auch
die Kinder interessierten sich gar nicht mehr für
mich. Ich weiß nicht, wie die sich das so
vorstellten, ihren Vater und Mann so ignorieren.
Ich war ja richtig der Depp zu Hause und das war

unerträglich.

Zum Beispiel, wenn ich Freitagmittag heim kam, dann waren die Kinder in ihrem Zimmer und die Ehefrau saß am Telefon: Man muss sich das vorstellen, sie telefoniert, wenn ich heim komme, ja sie telefoniert sogar weiter und hört nicht auf, als sie mich sieht, kümmert sich überhaupt nicht um mich, stellt mir nicht sofort Getränke und Essen auf den Tisch.

Als ich sie darauf ansprach und sagte: Wenn man so zu Hause empfangen wird, dass die Ehefrau telefoniert und sich überhaupt nicht um einen kümmert, dann kann man ja nur eine Flasche Rotwein aufmachen. Öffnete ebenda meine Aktentasche und nahm die drei Flaschen Rotwein heraus, die ich für den Freitag Nachmittag bereit gestellt hatte, die ich dann auch nach und nach leerte.

Schuld war natürlich diese sture sich nicht kümmernde Ehefrau, die mich so sitzen ließ, so wenig Gefühl und Mitempfinden für mich hatte.

Oder der Briefträger. Wenn ich mich dem
Gartenzaum näherte und in den Briefkasten
schaute, da lagen die Briefe doch wieder falsch:
Die Briefe da, wo die Zeitung hingehörte, und
die Zeitung irgendwo dazwischen gestopft.
Da konnte man ja nur wahnsinnig werden.
Alle Post falsch eingeworfen!
Ich habe mir zur Beruhigung gleich einen Kasten
Bier holen müssen.

Oder der Getränkelieferant. Ich hatte ihm
ausdrücklich gesagt, dass ich jede Woche vier
Kästen Bier vor die Haustüre gestellt haben
möchte.

Was macht er: Stellt nur zwei Kästen vor die
Haustüre und die anderen zwei Kästen auf die
Kellertreppe.

Da kann man doch wahnsinnig werden, bei so

viel Ignoranz.

Zur Beruhigung musste ich mir gleich 2 Flaschen Weißwein aus dem Keller holen. Einfach rücksichtslos
diese Menschen!

Oder die Kinder, immer kamen sie mit schmutzigen Schuhen vom Spielen. Und ich musste tadeln und mich aufregen: Reg Dich nicht zu sehr auf, sagte ich mir oftmals - und beruhige Dich.

Glücklicherweise gelang mir das schnell mit einem Gläschen Enzianschnaps.

Es war wirklich schlimm mit all diesen Leuten!

Trotz all meiner Bemühungen, meinem Verständnis und meinem Entgegenkommen, die Lieferanten, die Postboten und die Familie wurde immer schwieriger.

Eines Tages ging meine Frau sogar mit zwei
Kindern weg und sagte, sie gehe zu Alanon.
Keine Ahnung was das ist, aber mich ärgerte
natürlich, dass sie wegging.

Die anderen beiden Kinder blieben zu Hause und
ich sollte auf sie aufpassen: Wer bin ich denn,
das ist mein Feierabend, den mach ich mir
gemütlich.

Und es wurde dann ja auch schrecklich:
Die Kinder weinten ohne Ende, das machte die
Sache auch nicht leichter und die Familie nicht
glücklicher, weinende Kinder kann ich sowieso
nicht ertragen. Irgendwann war mir das dann
aber egal und ich habe in der Küche meine
beiden Flaschen Rotwein
getrunken, wie immer. Sollten die doch heulen
und weinen, ich habe das Recht, mein Leben so
zu leben, wie ich will.

Überhaupt, wo war die Alte? Noch dazu mit den
Kindern! Nervig, diese Frau. Kann mich nur

aufregen.

Um 23 Uhr kam sie dann heim. Die Kinder hier
hatten sich in den Schlaf geheult, die Kinder, die
meine Frau mitgenommen hatte, waren ganz
blass und schweigsam. Wie kann man nur Kinder
so spät noch aus dem Haus führen. Ich hätte mich
aufregen können, aber ich trank lieber meine
Rotweinflasche zu Ende und schlief dann auf
dem Sofa ein.

Eine Woche später erhielt ich einen Brief von
einer Rechtsanwältin. Sie sagte, dass sie meine
Frau beraten hätte und dass diese wolle, dass ich
das Haus verlasse.

So eine Frechheit, ich das Haus
verlassen. Ich denke nicht dran. Sollen die
anderen doch gehen. Ohne die geht es mir
sowieso viel besser. Da werde ich nicht immer
von diesen kritischen Blicken verfolgt.
Verschwindet doch alle!

Ich reagierte auf den Brief natürlich nicht.

Zwei Wochen später kam dann nochmals ein
Brief von der Rechtsanwältin. Sie schrieb, meine
Frau hätte dem Gericht nun Adressen von 5
Freunden gebracht, die bereit wären, mich
aufzunehmen, wenn ich das Haus verlasse.

Wieder so ein Blödsinn, dachte ich. Die spinnen
doch alle. Die sollen gehen, die sollen mich in
Ruhe lassen, die sollen meine Abende
respektieren und mich nicht länger stören. Diese
Bande, diese Blöden! An diesem Abend warf ich
3 Weingläser nach meiner Alten und die Kinder
banden die Türklinken zu ihren Schlafzimmern
mit Seilen zu, so dass ich nicht mehr rein konnte.
Solche Spinner!

Doch die Alte gab nicht auf: Nach 3 Wochen
kam wieder ein Brief der Rechtsanwältin.
Diesmal stand drinnen, dass ich ja nun die

Adressen der fünf Freunde hätte, die mich
aufnehmen würden, wenn ich gehe, und da ich
selbst noch immer im Haus bin, würde der
Gerichtsvollzieher zusammen mit der Polizei in
drei Tagen mich abholen und aus dem Haus
führen. Gleichzeitig bekäme ich ein Hausverbot
und dürfte in das Haus nicht mehr zurückkehren.
Ich solle daher auch das Nötigste einpacken.

Patsch. Jetzt reichte es mir aber. Solche
Banditen: Wegen nichts und wieder nichts,
solche Angriffe auf mich starten, mich so fertig
machen, mich so bekämpfen, wo bleibt da denn
der Anstand.

Aber von der Polizei wollte ich mich nicht aus
dem Haus führen lassen. Ich rief meine Brüder an
und erzählte denen, dass im Haus ein
Wasserrohrbruch sei, und ich für einige Wochen
ein anderes Zuhause bräuchte. Die Ehefrau und
die Kinder gingen zu ihren Eltern, aber
Schwiegermutter und ich, das wäre nichts für
mich, so sollte doch meine Herkunftsfamilie

schauen, wo ich in der Zeit wohnen könnte.

Meine Brüder waren sehr verständnisvoll und entgegenkommend. Es wurde mir eine Wohnung bei einer entfernten Verwandten genannt, eine Wohnung, die leer stünde, und in die ich gleich einziehen könnte.

Also ich packte ein paar Sachen ein und zog aus.

Das wars dann mit der Familie.

In der neuen Wohnung ging es mir sehr gut. Den Kontakt zu meiner Ehefrau und den Kindern brach ich vollkommen ab. Sollten die mich doch...

Nach einiger Zeit kam noch ein Gerichtsbrief mit Unterhaltsforderungen für die Kinder mit Festlegung einer Summe. Aber das zahlte ich natürlich nicht. War völlig überzogen, ich zahlte ein wenig und es kam kein Widerspruch mehr. Ging eben auch.

Die Familie interessierte mich nun sowieso gar
nicht mehr. Endlich hatte ich wieder meine Ruhe.
Endlich war das Geschimpfe vorbei: Ich stellte
meine Weinflaschen auf meinem neuen Tisch auf
und nummerierte sie durch, damit ich immer
genügend Flaschen zu Hause hatte und
regelmäßig den Bestand auffüllen konnte. Auch
schaute ich, dass ich noch Zugriff auf einen
Weinberg bekam. Damit ich notfalls, selbst als
Winzer tätig werden konnte.

Auch legte ich mir einen Zeitplan zurecht, zu
welcher Stunde die erste Weinflasche geöffnet
wird. Wochentags öffnete ich um 20 Uhr abends
und trank dann bis 23 Uhr 2 Liter.

Am Wochenende öffnete ich freitags um 14 Uhr
und trank dann bis Sonntag Nachmittag 5 Liter.
Sonntag Nachmittag um 16 Uhr stoppte ich, weil
ich Montag früh um 8 Uhr im Dienst sein musste.

Jetzt wo mich Frau und Kinder in diesem Ablauf
und dieser Organisation nicht mehr störten, lief
das alles sehr normal und gut.

Gerade am Wochenende, wo die Frau und die
Kinder immer so fordernd gewesen waren,
konnte ich 30 Stunden nur ich selbst sein und
trinken bis ich die wunderbaren göttlichen
Höhenflüge erreichte. Eine großartige Zeit, ein
wunderbares Leben, das ich nun führen konnte.

X. DER ZUSAMMENBRUCH

Eigentlich hätte es immer so weiter gehen
können. Für mich war die Welt in Ordnung.
Meine persönlichen Erlösungsgedanken und
Orgasmusevents stimmten und auch Arbeit
konnte ich dank der minutiösen Zeiteinteilung
ganz wunderbar durchführen.

Nach 3 Jahren streikte jedoch plötzlich mein
Körper. Das war sehr ärgerlich. Blutkontrollen
hatte ich die ganzen Jahre über vermieden.
Ärzten gut klingende Geschichten erzählt. Zwei
Psychiater glaubten mir alle meine
Darstellungen. Es lief wunderbar. Einem habe
ich 3 Jahre irgendwelche tollen Geschichten über
mich erzählt, der andere dachte sowieso, ich sei
super.

 Aber nun plötzlich Schwellungen im
Mittelbauch und vor allem, ich konnte nichts
mehr essen, vertrug nichts mehr, auch den
Rotwein brachte ich nicht mehr hinunter, magerte
ab, mir wurde schlecht und schwindelig. Es war
wirklich eklig.

Irgendwann ging es mir so übel, dass ich meine
Ehefrau anrief und sie fragte, was ich tun solle,
damit ich wieder essen könne.

Sie schien wenig verwundert am Telefon, sagte,
sie hätte schon vor langer Zeit mit meinem
Hausarzt ein Telefongespräch gehabt, und der
hätte ihr gesagt, wenn ich einmal nach ärztlicher
Hilfe fragen sollte, sollte man mich gleich in die
Toxikologie fahren. Also, so sagte sie, sie wäre
bereit, mich mit dem Auto in diese Toxikologie
hin zubringen.

Ich war entsetzt. Was sollte ich in der
Toxikologie. Nur weil mir das Essen gerade nicht
schmeckte, weil mir das Trinken nicht bekam, in
die Toxikologie?

Beleidigt hängte ich den Telefonhörer ein.

Von meiner Frau kam keine weitere Reaktion.

Am nächsten Tag ging es mir jedoch noch
wesentlich schlechter. So rief ich nochmals
meine Frau an. Diese sagte nur: Soll ich Dich in
die Toxikologie fahren und ich antwortete: Ja

10 Minuten später war sie mit dem Auto da. Mir
war so übel, dass ich mich nicht einmal anziehen
konnte. Im Schlafanzug mit Pantoffeln an den
Füßen ging ich zum Auto. Sie schloss die Türe
auf, setzte mich wortlos rein, schloss die Türe
wieder zu, fuhr sofort los, ich sprach davon, wie
ich beerdigt werden möchte und weinte ohne
Ende. Denn ich dachte, das ist jetzt der Tod.

An der Aufnahme zur Toxikologie sagte meine
Frau ein paar Worte, dann führte sie mich zum
Lift und hinauf in die geschlossene Abteilung.

Dort empfing mich ein Arzt. Meine Frau ging,
und ich sollte erzählen, welche Schmerzen ich
hätte und warum ich trinke. Schmerzen hatte ich,
das konnte ich genau schildern, aber die Frage
nach dem Trinken passte mir gar nicht. Ich hatte
ja kein Trinkproblem, davon war ich nach wie
vor überzeugt.

So deutete ich nur auf meinen Magen und
Mittelbauch und sagte, dort schmerzt es, aber

wenn Sie nach dem Trinken fragen: An allem ist nur meine Frau schuld – und nochmals mit Nachdruck: JA, AN ALLEM IST NUR MEINE FRAU SCHULD!

Der Arzt bewegte seine Mimik nicht, notierte alles so, wie ich es sagte und meinte dann: Wir können Sie in die geschlossene oder in die offene Abteilung einweisen. In der geschlossenen werden alle Türen verriegelt, so dass sie niemals hinaus können, in der offenen Abteilung, können sie manchmal auch auf den Gang, aber wenn sie weglaufen, kommen sie sofort in die geschlossene Abteilung. Außerdem werden sie durchleuchtet, und wenn nötig an den Ösophagusvarizzen operiert und ihre Leberzirrhose wird festgestellt.

Der Arzt war ruhig, mir schien, als war ich einer von hunderten – oder gar von tausenden.

Man legte mich in ein Doppelzimmer. Neben mir ein junger strahlend hübscher Rechtsanwalt.

Eine großartige Erscheinung: gepflegt, adrett, interessant.

Tagsüber lagen wir beide ohne ein Wort nebeneinander.

Wenn es dunkel wurde, kleidete sich der junge Rechtsanwalt an, sagte zu mir, ich solle schweigen, ging zum Fenster und kletterte hinaus auf die Feuerleiter.

Ich zitterte vor Angst, was er machen würde, und warum er raus kletterte, sagte aber nichts.

Wach und überaus angestrengt blieb ich stundenlang im Bett liegen.

Nach ca. drei Stunden wurde das Fenster wieder aufgedrückt und der Anwalt kam zurück. Singend polternd lallend schwer betrunken: Er sagte, er sei auf dem Markt gewesen, dann fiel er wie tot in sein Krankenbett.

Niemand hätte es in der Normalwelt wohl

bemerkt, aber um uns herum waren Profies.
Natürlich sah die Morgenschwester was los war,
sah den betrunkenen Bettnachbarn, alarmierte
alle Notglocken der Station und dann standen sie
alle um das Bett des jungen Rechtsanwaltes und
einer nach dem andern schrie ihn an: Was
erlauben Sie sich. Haben Sie noch nicht genug.
Noch ein solcher Versuch und sie werden hier
angebunden und kommen in die geschlossene
Abteilung.

Mir wurde grün und gelb vor den Augen solch
ein Strafgericht ging über dem netten
Bettnachbarn hernieder. Das war nicht mehr
lustig, nicht mehr Spiel, nicht mehr eine
verzeihbare Einstellung, das war harte Realität,
die sich da auftat.

In diesem Moment kapierte ich zum erstenmal,
dass da wohl ein Alkoholiker neben mir
liegt...und...wagte im hintersten Verließ meines
Gehirns den Gedanken zuzulassen, dass ich
eventuell auch Alkoholiker sein könnte.

Das war ein erster Gedanke an eine Wahrheit,
was folgte kein Versteckspiel mehr, kein
Ignorieren, kein Leugnen, kein anderen Schuld
zuschieben, in mir schwirrte der Satz:

Ich bin ein Alkoholiker.

XI. THERAPIEVERSUCHE

Man gab mir Beruhigungsmittel. Man entgiftete
mich. Man operierte mich an der Speiseröhre,
man behandelte meine Leber, sagte mir aber
knallhart, dass die Leberzirrhose bleiben würde.

Meine Brüder erschienen am Krankenbett,
flüsterten, sie hätten das ja gar nicht gewusst,
dass ich trinke, warum ich denn nie etwas gesagt
hätte.

Da wurde mir bewusst, warum alle sagen:
Alkoholismus ist eine Familienkrankheit. Da
trinken der Vater oder die Mutter, da trinken die
Geschwister oder die Partner, es trinken die
Onkels und Großonkels, und niemand sagt, dass
er oder sie trinkt. Alle lügen, alle heucheln, alle
verstecken sich, alle decken, alle werden
Coabhängige, alle Lügner, alle Verdränger, alle
Schuldzuweiser, alle Heuchler

Welten der Lüge taten sich auf.

Meine Nochehefrau und meine Kinder kamen
auch ans Krankenbett: Sie waren alle
schweigsam und tief geknickt.

Meine Frau sagte, dass sie die Scheidung will
und die Kinder sagten, dass sie sich auch von mir
trennen wollen.

Wochenlang blieb ich im Krankenhaus.

In dieser Zeit wurde ich auch schwer depressiv.

Alle Freundlichkeit, aller Humor, alle
Inspiration, die ich ursprünglich hatte, waren
ohne die Zufuhr von Alkohol nicht mehr
möglich.

Es war ein Ende.

TEIL II

DIE EHEFRAU

I. WARUM HABE ICH EINEN ALKOHOLIKER GEHEIRATET?

Ich muss sagen: Er hat mich fasziniert: Er war so warmherzig, so spritzig, so humorvoll, so interessant: Er war viel weicher als andere Menschen, er hatte eine liebe Sprache, er war irgendwie wie ein ganz besonders liebevoller Mensch.

Dass er Alkoholiker war, wusste ich nie.

Sicher, wir haben alle getrunken, wir hatten viele Feste, die wir zusammen gefeiert hatten, und es war immer schön, und Bier und Wein flossen und es waren lange lustige Abend, und ich und er waren immer dabei.

Die anderen haben natürlich auch getrunken und wurden auch immer lustiger, je später der Abend.

Aber war jemand Alkoholiker? Waren das nicht
alles Säufer oder Wenigtrinker?

Dass ich das nicht unterscheiden konnte war
mein Hauptfehler.

Rückblickend kann ich unterscheiden

1. Es gibt den klassischen Wenigtrinker, der nur,
wenn ein Fest ist, ein Glas Sekt oder in Andechs
eine Mass Bier trinkt

2. Es gibt den klassischen Vieltrinker, der viel
trinkt, aber niemals aus psychischen Gründen,
nur weil es ihm schmeckt, aber nicht weil er es
für die Stabilisierung seines Ichs braucht

3. Es gibt den Säufer, der bei jedem Gelage dabei
ist, aber nie so total besoffen und nie in
psychischen Schräglagen

4. Es gibt den trockenen Alkoholiker, der sich
ständig nach Alkohol sehnt, aber weiß, dass er
nicht trinken darf

5. Und es gibt den Alkoholiker, der nur wegen
seiner Seele trinkt, der den Höhenrausch braucht,
der sich ohne Alkohol als wertlos sieht...

...UND NUR DAS IST DER EIGENTLICHE
ALKOHOLIKER

In unserer Familie haben wir zu Weihnachten
eine Flasche Wein geöffnet, die unsere Tante
Anna mitgebracht hatte: Der Wein war so
schauderlich schlecht, dass niemand von uns das
eingeschenkte Glas leer getrunken hat.

Von einem Onkel hieß es, der sei Alkoholiker,
aber der Onkel war weit weg: Man fand ihn nur
in einer Wirtschaft, dort trank er Schnaps, wenn
er kein Geld mehr hatte, verspielte oder
verschenkte er einen Teil des Erbes.

Mich mochte er sehr gerne und ich ihn auch. Ich
war auch die einzige, die sich um ihn kümmerte,
wenn er betrunken und verkotzt in seinem Bett
lag. Ich sammelte alle verdreckten Tücher ein
und wusch sie. Aber dass er Alkoholiker war,
wusste ich nicht.

Nun lernte ich diesen Mann kennen, der sich so
lieb gab, aber ein versteckter Alkoholiker war.

II. ALS DIE GÄSTE WEG WAREN

Viele fragen mich, wann ich denn gemerkt hätte,
dass er Alkoholiker sei.

Gemerkt habe ich es, als die Gäste weg waren,
und er immer noch getrunken hat.

Das war ein halbes Jahr nach meiner Heirat.

Ursprünglich hatte ich nicht vor, ihn zu heiraten,
denn so richtig liebte er mich nicht, das war mir
immer wieder klar. Er liebte genau genommen
andere: Seine Mutter, seine Brüder, seine Arbeit
– aber nicht mich.

Aber wir verstanden uns gut und hatten viele
wichtige Gespräche miteinander. Dass es dabei
immer vor allem darum ging, wie ich ihm nützte,

merkte ich auch nicht: Auch nicht, dass er meine
Arbeitskraft und Stärke für seine Macht her nahm
und er mich um so stärker mochte, je hilfreicher
ich für ihn war.
Nein, ich merkte es gar nicht.

Als er dann Arbeitsprobleme bekam und in einer
Sackgasse steckte, sagte er plötzlich: Ich ziehe zu
Dir und heirate Dich.

Ein Ja von mir gab es nicht, aber eben auch kein
Nein.

So wurde geheiratet und er zog zu mir und wir
feierten ein halbes Jahr die Hochzeit – mit sehr
viel Alkohol und sehr vielen Gästen und waren
eigentlich beide immer betrunken: Ich ganz ganz
leicht, denn ich vertrage keinen Alkohol, er ganz
schwer, denn er konnte nicht genug Alkohol
bekommen und trank immerzu weiter.

III. NACH DEM HALBEN JAHR

Nach dem halben Jahr, als alle Gäste weg waren,
trank er immer noch, und er fiel unmittelbar nach
dem Trinken um und lag am Boden, viele viele

Stunden und rührte sich nicht.

Um ihn herum ging die Familie weiter. Ein Kind hängte an die Haustüre den Zettel: Vater ist betrunken, damit alle, die vorbeikommen wollten, gleich sahen, was bei uns los war.

Manchmal schlug er die Kinder, wenn er wieder nüchtern wurde. Die meiste Zeit aber packten die Kinder und ich die Koffer, die Haustiere und alles wichtige ins Auto und schliefen bei meiner Mutter auf dem Wohnzimmerteppich oder bei Freunden im Gang, in der Küchenecke oder im Gästezimmer, wo immer sie uns schlafen ließen, wenn wir sie inständig darum baten.

Wenn dann die Arbeitswoche wieder anfing, kehrten wir in unser Haus zurück. Er war ja dann weg und wir zogen wieder ein.

Das ging so eineinhalb Jahre lang.

Unter der Woche trank er nicht so viel, da war

die Gefahr, dass er uns etwas antat, geringer, am
Wochenende mussten wir uns entweder
verbarrikieren oder die Türklinken mit Seilen
zubinden oder gleich das Haus verlassen, um
sicher zu sein.

Wenige Nachbarn bekamen diese Tragödien mit.
Und die es merkten reagierten sehr
unterschiedlich: Ganz wenige sahen was wirklich
los war und erschauderten genauso wie wir.
Andere gaben sofort mir die Schuld: Du
kümmerst Dich zu wenig um ihn. Du musst ihm
mehr entgegengehen, ihn mehr umwerben, zu
ihm hilfreicher sein...Tendenz: Schuld ist die
Frau, wenn der Mann trinkt.

Wenn ich dann zu erklären versuchte, der Mann
ist ein Alkoholiker, dann kam noch mehr
Opposition: Das wird schon wieder, der hört
schon wieder auf...

Er hörte nicht auf. Wir pendelten uns zwischen
grandioser Angst, Flucht, Zerknirschung,

fundamentaler Unruhe und Verzweiflung ein.

Die Kinder weinten. Wenn ich nicht da war, erkannte er seine Kinder nicht und ließ sie nicht ins Haus. Sie mussten zu Nachbarn gehen und bitten, dort schlafen zu dürfen.

Wenn Kindergeburtstag war und Gäste eingeladen waren, drehte er regelrecht durch, gab den Geburtstagstisch nicht frei und ekelte die Kinder hinaus.

Wenn Familienfest angesagt war und wir dorthin fahren sollten, kam er sturzbesoffen zum Auto, konnte nicht fahren, nur am Beifahrersitz sitzen und wurde dann beim Familienfest so ausfallend und laut und beschuldigend, dass wir uns am liebsten unter dem Tisch verkrochen hätten.

Wenn eine dienstliche Feier bei meinem Arbeitgeber stattfand und dazu beim Frühschoppen Sekt ausgeschenkt wurde, besoff er sich sofort mit mehreren Gläsern und

randalierte dann herum. Nur mit Tricks und
Ausreden bekam ich ihn von solchen Festen weg
ins Auto und weg von meinen Arbeitskollegen.

Besuch luden wir überhaupt nicht mehr ein, denn
zu deutlich war sehr schnell: Der Familienvater
ist ein Alkoholiker. Abscheu entwickelte sich bei
anderen.

Einzig die Chefin meiner Arbeitsstelle kam
einmal vorbei und sah sofort, was bei uns los
war. Sie zögerte nicht, sondern rief auf der Stelle:
Ihr müsst da raus. Der Mann ist Alkoholiker!

Noch am gleichen Tag nahm sie mich und die
Kinder und die Haustiere mit und wir wohnten
Wochen bei ihr.

Währenddessen lebte er alleine in unserem Haus
und sagte allen, dass er sich nun besonders wohl
fühlt, wo wir alle weg sind.

Seine Cousine sah, wie die Situation war und

versuchte ihn zu überreden, dass er weggehen
sollte, damit die Kinder und ich wieder ein
Zuhause hätten, aber er lachte nur und sagte, so
gut wie es ihm jetzt gehe, sei es ihm schon lange
nicht mehr gegangen.

Wohin, was tun, wir wussten es nicht: Die Chefin
meiner Arbeitsstelle fuhr die Kinder morgens in
ihre Schulen, damit die dort nichts mit bekämen
und holte sie mittags ab und dann blieben wir alle
wieder bei ihr.

IV. ZU ALANON

Dann las ich die Ausschreibungen von
ALANON, der Organisation, die sich um
Angehörige von Alkoholikern kümmert.

Dorthin fuhr ich an einem Abend. Nahm einen
Teil der Kinder mit, die gleich zu Alateen, der
Organisation für Kinder gehen sollten, lies die
anderen Kinder daheim, die mich alsbald
anriefen:
Bitte komm zurück, Vater ist betrunken, wir
fürchten uns so sehr.

Eine Stunde konnte ich aber doch bei Alanon
bleiben und was ich dort von den Anwesenden
erfuhr, war identisch das gleiche, was sich bei
uns zu Hause abspielte: Der Vater oder die
Mutter trank. Der Rest der Familie weinte in
Verzweiflung und Angst, versuchte zu fliehen,
versuchte, den Alkoholiker nicht zu reizen, nicht
anzusprechen, versuchte, Alkohol weg
zuschütten oder mit zutrinken, damit sich die
Flaschen schneller leerten.

Es war eine Frau dort, eine hübsche
blonde junge Krankenschwester, die mit ihren
beiden Kindern beim Vater, dem Alkoholiker,
lebte und so in Verzweiflung war, dass sie nur
noch zitterte.

Es war ein junger Mann dort, Vater von vier
Kindern, der nicht mehr arbeiten konnte, weil er
sich nicht mehr von zu hause weg traute, weil die
Kinder ihn ständig anriefen: Mutter liegt
betrunken auf dem Sofa und rührt sich nicht
mehr.

Der sich sehr darum bemüht hatte, für seine Frau
eine Entzugsklinik zu finden, in der sie dann
gezwungenermaßen auch rein ging, aber dort
lernte sie andere Alkoholiker kennen und
gemeinsam machte man sich am Abend auf den
Weg ins Nachbardorf, wo sie niemand kannte,
und trank dort den halben Laden leer.

Keine Hilfe keine Rettung war in Sicht, nur

Verzweiflung und Hilfslosigkeit.

Eine Freundin von mir, die ich einweihte,
meinte, ich solle einmal, wenn er wieder
betrunken herumliegt, einfach den Notarzt rufen,
dann würde der Zustand aktenkundig.

Das tat ich so, wie sie mir riet.

Es war Freitag abend. Der Mann lag betrunken
im Treppenhaus, seine Füße ragten über das
Podest hinaus. Er war zu keiner Reaktion fähig.
Wir waren gerade heimgekommen, sahen ihn so
liegen und ich rief die Rettungsleitstelle an.

Mit Blaulicht kamen mehrere Sanitäter und ein
Notarzt an. Ich zeigte nach oben auf den
Treppenabsatz. Dort lag der Mann bäuchlings
und seine Gummistiefel ragten zu den
Treppenstufen hinaus.

Alle Hilfskräfte gingen zu ihm.

Die Kinder und ich blieben im EG in der Küche

sitzen. Nach kurzer Zeit kam der Notarzt mit einem betretenen Gesicht zu uns und sagte. Ich muss Ihnen etwas trauriges mitteilen: Ihr Mann, der Vater der Kinder, ist schwer betrunken. Er möchte jetzt gleich die Polizei holen und ihn in eine Suchtklinik einliefern lassen.

Ich stimmte dem zu. Die Polizei kam und besprach sich mit dem Arzt. Ein Polizist sagte, sie würden der Einlieferung in die Suchtklinik zustimmen, aber er könne mir jetzt schon sagen, dass das überhaupt nichts bringen würde: Der Mann würde dort seinen Rausch ausschlafen und dann morgen früh nüchtern erwachen, alle beschimpfen, was sie mit ihm gemacht hätten und dass er überhaupt kein Suchtproblem habe, das wären doch alles nur die Unterstellungen seiner bösen Ehefrau - und dann würde er triumphierend die Klinik verlassen und nach Hause gehen – ja und dort dann um so mehr saufen, denn er würde sich wie ein Sieger fühlen.

Wir hörten alle zu.

Dann sagte der Polizist: Gehen Sie diesen Weg
der Einweisung nicht. Er macht alles nur noch
schlimmer.

Ich stimmte zu, Ich verstand. Wenn er selbst es
nicht einsah, gab es keine Hilfe...

V. DIE TRENNUNG

Es gab nur eine Möglichkeit:
Die Trennung.

Das wurde mir auch immer klarer, wenn ich die
anderen Betroffenen bei Alanon hörte, wenn ich
ihre Ausweglosigkeit und ihre Verzweiflung sah.

Ja, wenn ich diese zerstörten Familien, diese
weinenden Kinder mitbekam und die ganze
tieftraurige Hilflosigkeit von Partnern und
Kindern.

Trennen ja. Weggehen ja, das eigene Heim
verlassen, den Kindern ihr Zuhause nehmen,
wegziehen, all das ging mir durch den Kopf, war
schrecklich zu denken, aber es gab keine
Alternative, das war auch schrecklich.

Bei Alanon holten wir uns Fachkräfte, die uns

beraten sollten. Eines Tages

kam eine Rechtsanwältin. Sie sagte auch nur das
eine Wort:

Trennung

– und dazu: sie hilft uns.

Sie meinte, sie könne erreichen, dass der
Alkoholiker dauerhaft durch Gerichtsbeschluss
aus dem Haus verwiesen wird, wenn wir Freunde
finden, die bereit sind, ihm ein Zimmer zu geben.
Dies sollte aktenkundig sein und von den
Freunden bestätigt werden.

Ich machte mich auf die Suche nach diesen
Freunden und fand sie. Fünf Freunde bestätigten
mir, dass sie dem Alkoholiker ein Zimmer
vermieten würden. Das war sehr nett von ihnen,
aber da sie nicht so betroffen waren, wie die
Kinder und ich, konnten sie wohl einen klaren
Verstand behalten und waren bereit zu helfen.

Ich gab der Rechtsanwältin die Bestätigung der
fünf Freunde und die Rechtsanwältin erwirkte
einen Gerichtsbeschluss, dass der Alkoholiker
das Haus verlassen müsse.

Während dieser Prozedur und der Zustellung des
Gerichtsbeschlusses gingen die Kinder und ich
keine Stunde mehr nach Hause, aus Angst vor
seinen Reaktionen, seiner Gewalt und seiner
Aggression uns gegenüber.

Dann kam der Tag, wo er das Haus verlassen
musste und er war weg.

Wir zogen mit allen Sachen und den Haustieren
wieder ein. Waren wie gelähmt vor Angst,
wechselten das Schloss an der Haustüre aus,
zitterten die ganze Nacht, weil wir nicht wussten,
würde er zurückkommen.

Aber er kam nicht.

Ich reichte die Scheidung ein.

Die Kinder bebten noch Jahre, wurden krank.

Sie zitterten noch Jahre später, wenn sie an diese
Zeit denken.

VI. DER ENTZUG

Wiedergesehen habe ich ihn, als er mich Jahre
später anrief, er würde sterben, und ich ihm
anbot, ihn in die Entzugsklinik zu fahren, die
Kinder sahen ihn dann in der Entzugsklinik.

Schweigend und blass lag er dort in einem Bett.

Über den Alkohol sprach er nicht. Sprach er nie.
Er entschuldigte sich nie dafür, was er uns

angetan hatte. Er blieb stumm.

VII. DER TROCKENE ALKOHOLIKER

Jetzt ist er trocken. Er lebt einsam und ist
depressiv. Er mag uns nicht. Manchmal meine
ich sogar, er weiß gar nicht, dass wir existieren.

Gedanklich ist er wohl zum Ursprung seines
Lebens zurückgekehrt.

Er war das älteste Kind einer braven Hausfrau
und eines Beamten.

Und er war ein extrem anständiges und liebes
Kind, das niemandem Ärger machte.

Sonntags ging die Großmutter mit ihm in die Kirche und lehrte ihm das Beten.

In den Kindergarten ging er nicht, er blieb zu hause bei Mutter und Bruder.

Der Vater war fast nie zu Hause, entweder in der Arbeit oder im Wirtshaus. Die Mutter weinte deswegen sehr viel. Er konnte sie nicht trösten.

Als er vier Jahre alt war, wurde sein Vater in den Krieg eingezogen.

Er lernte ihn nie mehr kennen.

Mit fünf Jahren wurde er zur Schwester der Mutter weggegeben, die Lehrerin war und keine Kinder hatte. Dort besuchte er die Vorschule und blieb ein Jahr.

Mit 10 Jahren, der Vater war immer noch im Krieg, kam er ins Internat. Fürchtete sich dort entsetzlich, hatte wahnsinnig Heimweh und

unerträgliche Ängste. Mehrere geistliche
Erzieher fanden an dem netten Jungen geistigen
und körperlichen Gefallen.

Dies erzählte er seiner Mutter und bat sie, ihn aus
dem Internat rauszuholen, aber die Mutter sagte,
das wäre nicht so schlimm und er soll froh sein,
dass er in dieser guten Schule sei.

So ging der Missbrauch über drei Jahre. Dann
kamen die Missbraucher durch die Aussage eines
anderen Jungen ins Gefängnis. Er selbst sagte
beim Verhör, ihm sei nichts passiert. So deckte er
diejenigen, die ihm so schreckliches angetan
hatten.

Noch Jahre blieb er im Internat.

Das Trinken hatte er dann im Studium
angefangen. Mit den Kumpels, den Kameraden,
an den lustigen Abenden und bei den Festen.

Das war schön, diese Gemeinsamkeit.

So wurde er schon früh Alkoholiker und konnte
alle seine Probleme damit lösen oder erleichtern.

Seine ganze Liebe galt allein seiner Mutter, von
der er sich immer noch mehr Zuneigung
wünschte und sein großes Vorbild waren seine
Brüder, denen das Leben viel leichter und
erfolgreicher gelang. Das war seine Familie.

Eine eigene Familie wollte er nicht.

Als er wegen der Berufsschwierigkeiten dann
doch heiratete, konnte er seinen Alkoholismus
nicht mehr verbergen.

Jahre der Qual, der Lüge, des Betrugs und
Vertuschens folgten, bis er körperlich
zusammenbrach und in der Entzugsklinik
landete.

Dann wurde er entlassen und trank nur noch Tee

und alkoholfreie Limonaden.

Aber sein Wesen war zerstört, er war nie mehr
lustig, nie mehr humorvoll, er war kaputt. Er
hatte nie gelernt ohne Alkohol zu leben.

Die Ehe und die Familie wurden nicht
fortgesetzt.
Alles war durch den Alkohol zerstört.

VIII. SIND ALKOHOLIKER WENN SIE TROCKEN SIND GESUND?

Nein, sie sind es nicht. Sie bleiben immer kranke
Menschen. Das ist das schlimme, während
andere Krankheiten heilen, heilt die

Alkoholkrankheit nicht. Sie kann nur gestoppt
werden und dann in diesem Zustand des
Gestopptseins verharren.

Konkret:

Der Alkoholiker wurde nicht versehentlich
alkoholkrank, sondern er oder sie hat eine
Disposition, Probleme nicht durch Gespräche
oder friedliche Dialoge lösen zu können, er oder
sie können Lösungen nur durch die Beimischung
des enthemmenden Alkohols erreichen.

Wie also soll ein Alkoholiker seine
oder ihre Probleme lösen, wenn er oder sie nicht
mehr trinkt?

Genau: Gar nicht! Das ist das fatale, der trockene
Alkoholiker verharrt ohne Problemlösung auf der
Strecke. Er schweigt, er leidet, er wird immer
depressiver, er flüchtet in Leugnungen, er ist
abwesend, er geht nicht auf Argumente ein, er

kann nicht mit anderen reden und verbal keine
Konflikte lösen.

Das ist fatal für Partnerschaften oder Ehen nach
dem Entzug: Der Partner oder die Partnerin, die
zunächst so fähig, so liebenswürdig, so
humorvoll und freundlich war und dies blieb,
solange die Alkoholkrankheit in einem kleinen
Stadium vorhanden war, der erst, als er oder sie
immer mehr trank, in den oftmals gewalttätigen
Rausch- und Attackierzustand hinüber rutschte,
und der dann im Entzug alles verlor, sich selbst,
seine Problemlösungsstrategie mit dem Alkohol,
seine überzogene Selbstachtung, die immer auf
tönernen Füßen stand, wird durch den Entzug zu
einer hohlen Hülle, einer fahlen nicht orientierten
Existenz, einer ziellosen Fluchtfigur und einer
überaus einsamen Kreatur.

Mit so jemand zu leben ist eine Tortur.

Oft fragt man sich als Angehörige oder

Angehöriger, was war schlimmer: Die Zeit als er
oder sie trank, oder die Zeit, als er oder sie
vollkommen aufgehört hat, zu trinken.

Beides ist unerträglich: Die Zeit des Trinkens
ebenso wie die Zeit des überhaupt nicht mehr
Trinkens. Beide Zustände sind für
Begleitpersonen, Partnerinnen oder Partner oder
Eheleute, entsetzlich.

Da sitzen dann trockene Alkoholiker blass und
fahl am Frühstückstisch, sagen kein Wort,
analysieren nicht, antworten nur einsilbig,
verkriechen sich hinter Zeitungsblättern oder
Small talk Sätzen. Sie nehmen an den Menschen
ihrer Umgebung nicht teil, sie wollen nicht
hören, wie es anderen geht oder was die
vorhaben, oder welche Ziele denen wichtig sind
oder wie sie gemeinsam etwas anstreben oder
erreichen könnten.

Es ist ein fast totes Miteinander.

Dieses Leben oder besser Nichtleben setzt sich dann Jahre fort. Die Familie ist ja längst zerstört, die Kinder sind erschüttert davon gelaufen, die Ehefrau oder der Ehemann spielten über Jahre den oder die Co abhängige, bis sie vor Erschöpfung zusammenbrachen. Sie befreiten sich mit größter Energie oder ergaben sich in die Nichtveränderbarkeit.

Und nun ist der Partner oder die Partnerin trocken, müde, erschöpft, geknickt, unfähig, etwa zu bewegen, nicht in der Lage, Freude oder Energie zu entwickeln, wie soll man als Partner oder Partnerin so leben.

Gewiss, diese Lebensalltagsbewältigung ist besser, als das Saufen und Geschlagen werden, die ohnmächtige Hilflosigkeit gegenüber dem gewalttätigen Ehemann, oder der schreienden Ehefrau. Gewiss, die Primärängste sind nicht mehr so schmerzhaft und verletzend, aber das Leben nach dem Entzug, ist auch kein anstrebenswertes Leben, es ist ein verlorenes

tristes Dasein, ohne Inhalte, ohne Verständigung,
ohne Einfühlungsvermögen, ohne Wir gefühl.

Die Situation schien zunächst während des
Entzugbeginns wie erlöst oder befreit: Ein wenig
Strahlen ein wenig freundliche Worte.

Doch die Lüge hatte schon angefangen, als bei
der Befragung durch die Ärzte angegeben wurde,
Schuld an allem sei seine Frau. Sie habe zu
wenig Verständnis für ihn und sei nicht
freundlich genug.

Diese Schuldzuweisungen an die umgebenden
Menschen werden weitschichtig geteilt: Schuld
ist die Ehefrau oder ist der Ehemann, weil er oder
sie sich nicht genug um den Alkoholiker
kümmert.

Welch ein Irrtum, sobald Ehefrau oder Ehemann
merken, dass der Partner oder die Partnerin
alkoholkrank ist, versucht sie zu retten und
wieder zu retten, investiert alle ihre oder seine

Energie in der Wiederherstellung des Partners
oder der Partnerin, sucht Lösungen, liest Bücher,
schüttet Wein und Schnaps in das Spülbecken
und zittert vor jedem Abend und jeder Nacht,
verkriecht sich vor der Gewalt, merkt aber auch,
das sein oder ihr Verhalten sehr von ihm oder ihr
abhängt und fühlt diese Abhängigkeit wie eine
entsetzlich schwere Last über sich hängen.

Man macht es sich also viel zu leicht, der
Partnerin oder dem Partner die Schuld an der
Alkoholabhängigkeit des Süchtigen zu geben.

Im Gegenteil: Partnerin oder Partner sind nicht
schuld und dürfen sich nie schuldig fühlen, sonst
zerstören sie ihr eigenes Leben und oftmals auch
das Leben ihrer Kinder.

Raus aus dieser Schuld, Weggehen, den
Beschuldigenden verlassen. Wie soll man das nur
machen. Wie hat man die Kraft hierfür!

IX. DIE KRAFT

Das erste und wichtigste ist, dass man selbst
weiß: So kann mein Leben nicht sein und nicht
weitergehen.

Ich habe diesen Menschen geliebt und ich liebe
ihn oder sie immer noch. Alkoholiker sind
liebenswerte Menschen.

Aber diese Liebe darf nicht in Selbstvernichtung
und Selbstzerstörung des eigenen Ichs landen.

Hier muss ich klar stoppen: Bestimmt sein Leben
und seine Abhängigkeit wesentlich mein Leben,

mein Handeln, mein Reisen, mein Dasein, meine
Freizeitgestaltung, mein Kinogehen, mein mit
Freundinnen treffen und geht all meine
Aufmerksamkeit nur noch dahin, wie ist sein
Zustand heute, ist er schon betrunken von der
Arbeit heimgekommen oder öffnet er in den
nächsten Minuten seine Weinflaschen. Kann ich
dieses Öffnen verzögern, indem ich ihm schöne
Geschichten erzähle, oder indem ich ihn ins Bett
werfe und ihm Sex anbiete, oder indem ich ihn
auffordere, mit mir den Abend zu planen.

Eine Beeinflussung ist durchaus möglich, aber
die Suche danach zerstört den Lebensalltag des
Partners oder der Partnerin, denn es wird nicht
mehr das getan oder gesagt, was selbst
gewünscht wird, sondern das einzige Kriterium
ist das Wünschen des Süchtigen, das so sehr
beeinflusst werden muss, dass er sich alles
wünschen darf, nur nicht das Trinken.

Ein Mammutprojekt, das an einem Tag gelingen
kann, ein wenig gelingen, wohlgemerkt, am

nächsten Tag aber wieder nicht und das
verheerende:

Die Hürden, dies zu erreichen, werden von Tag
zu Tag höher und schwieriger. Berge von
unlösbaren Problemen und Erwartungen tun sich
vor einem auf.

Irgendwann stürzt auch der Helfer oder stürzt die
Helferin ab, wenn sie versucht, diese Berge
immer wieder zu erklimmen und dabei ihn, den
Trinker, oder die Trinkerin, am Seil, am Haken
halten und mitschleppen muss.

Also abends, wenn man selbst erschöpft von der
Arbeit ist, wenn die Kinder viel Aufmerksamkeit
erfordert hatten, erneut und stark aufbrechen und
mit dem Partner am Seil, einem Partner, der nicht
mehr fähig ist, einen Fuß vor den anderen zu
setzen, einen Berg erklimmen.

Das macht man ein oder zweimal, dann fallen

beide Kletterer in die Tiefe.

Nun, der trockene Partner will nicht mehr Berge erklimmen, er will eigentlich gar nichts mehr. Er ist so zutiefst enttäuscht vom Leben, gerade von seinem eigenen Leben, das so gar nicht geglückt ist und nun ohne Alkohol wie ein massives Gebirge vor ihm liegt. Für das er nicht mehr die Kraft hat, auch nur eine kleine Höhe zu erreichen.

So sitzt er resigniert vor all diesen Problembergen dieser Welt. Sieht nicht kleine schöne Wege, merkt nicht, dass da immer noch eine Partnerin ist, oder ein Kind ist, das zu ihm hält, das nur darauf wartet, dass man gemeinsam ein Stück des Weges geht.

Blind erschöpft mit horrenden Schlafstörungen wälzt er sich durch jeden neuen Tag, hasst die Menschen , denen alles leichter fällt, hasst die Welt, die Religion, die Höheren, die Anderen, die Erfolgreicheren und sich selbst.

X. ZEIT HILFE ZU HOLEN

Dies wäre eigentlich der Zeitpunkt, sich nach
dem Entzug Hilfe zu holen: Einzeltherapien, die
einem den Weg zurück ins Leben und Aktivsein
zeigen, langsam, einfühlsam und immer wieder
oder
Gruppen, in denen sich andere Betroffene finden,
die die gleichen Erfahrungen machen und wissen,
was los ist, und wie es einem geht.

Doch auch diese Hilfen anzunehmen und zu
erreichen, schaffen die wenigsten
Alkoholkranken.

Die meiste Angst haben die Alkoholsüchtigen
wohl vor Einzeltherapien.

Welche Fragen kommen da auf sie zu.

Da müssten sie mal die Wahrheit sagen, über ihr
Inneres, über ihre angstbesetzten Kindheitstage,
über die Gewalt von Geschwistern oder Eltern,
über Missbrauchsversuche Verwandter oder
Lehrer oder Erzieher oder Pfarrer.

Da müssten sie sich mal trauen, nicht mehr der
tolle heile Hecht zu sein, sondern der Verletzte,
der Sich-in-Frage -Stellende, vielleicht auch der
Gescheiterte, der sich selbst Zerstörende, der sich
selbst nicht Vertrauende.

Geht das?

Es geht nicht. Denn genau diese Unfähigkeiten
haben ihn oder sie hinein getrieben in diese
Sackgasse Alkohol.

So also Gruppen als Hilfen.

In der Zeit, in der ich bei Alanon war und dort
Hilfe suchte, durften wir Alanons manchmal an
den Treffen der trockenen Alkoholiker teilhaben.
Es waren unvergesslich großartige Treffen. Ich
erinnere mich, wie Einzelne aufstanden und
berichteten, wie sie selbst in den
Alkoholmissbrauch gerutscht sind, wie sie in
diesem Zustand anderen Menschen, gerade
Familienangehörigen so viel Leid und Unrecht
angetan haben, und wie sie sich jetzt nur noch
entschuldigen können.

Es waren Lebensberichte voll so viel Offenheit
und Wagnis. Ich war tief erschüttert, aber
gleichzeitig wurde mir signalisiert, dass nicht alle

Alkoholiker nach dem Entzug, zu dieser
Selbstanalyse und Befreiung kommen. Viele
verharren im trostlosen Schweigen. Andere
wollen das Leid ihrer Familien, Partnerinnen und
Kinder niemals sehen.

Manche sterben kurz vor dem Entzug, vor Angst,
sich darauf einzulassen. Andere sterben kurz
nach dem Entzug, weil sie immer noch nicht die
Kraft verspüren, den Alkohol aus ihrem Leben
herauszunehmen.

Von einem Menschen, der im Entzug ist, kann
man nichts fordern. Als Angehörige kann man
nicht sagen: Gehe zu den Anonymen
Alkoholikern, auch das müsste der Kranke selbst
wollen oder gehe zu einer
Gruppe oder in Einzeltherapie.

Als Angehörige ist man viel zu müde und zu
ausgelaugt, um von dem Partner oder der

Partnerin noch irgendetwas zu wollen, oder ihn
irgendwo hin zu bringen.

Einer seiner Brüder hat ihn aber angesprochen
und ihm gesagt, er müsse sich nun der Gruppe
der Anonymen Alkoholiker anschließen. Er
selbst hat darauf geantwortet: Das brauche ich
nicht. Ich weiß selbst was ich kann und tue.

Genau das wusste er aber nicht. Und ein
Nichtdarübersprechen und ein
Nichtingruppegehen, hat alles noch
verschlimmert.

Er ging nirgends hin. Er verkroch sich in seiner
Wohnung, wohnte ja seit Jahren alleine, weil
keine Art von Partnerschaft mehr möglich war.

Er blieb zunächst blass und unscheinbar. Bei
Festen nahm er eine Flasche alkoholfreies Bier
mit oder er trank irgendwelche Säfte. Saß dabei
teilnahmslos an der Seite. Sprach keine wichtigen
Sachen, schaute weg, antwortete nicht.

Zu einer Gruppe ging er auch später nie. Ich
glaube, er hätte sich zu sehr geschämt. Irgendwie
wollte er doch wenigstens sein Bild von dem
tollen erfolgreichen Mann aufrecht erhalten. In
einer Gruppe dann sagen zu müssen: Ich bin
Alkoholiker, hätte er nicht geschafft.

XI. NIEMALS DER SATZ:
ICH BIN EIN ALKOHOLIKER

Niemals hatte er zugegeben, Alkoholiker zu sein,
Nicht mit einem Wort, nicht mit einem Satz.

Anfangs trank er einfach und bei großem
Alkoholkonsum, lachte er sein Saufen hinweg:
Sind wir wieder alle mal so fröhlich und machen
wir doch noch eine Flasche Champagner auf -
und alle lachten mit, und er fand sich toll - und

alle anderen fanden ihn auch so super und lustig
und toll.

Da er Jahre allein lebte, konnte er vertuschen wie
ein Weltmeister.

Natürlich wurde sein Trinken trotzdem bemerkt,
aber dann eben einfach konstatiert: Er war wieder
mal betrunken und er säuft ja ständig.

Diese Bemerkungen hatte ich als seine spätere
Frau aber nicht mitbekommen. Für mich war er
der lustige und fröhliche Sektkonsument, dem es
nur gut geht und der das auch anderen immer
wieder zeigt.

Als ich ein halbes Jahr nach meiner
Eheschließung merkte, dass er Alkoholiker ist,
weil er stunden- und tagelang betrunken auf dem
Küchenboden lag, habe ich ihn angesprochen.

Natürlich sanft: Trinkst Du nicht zu viel?

Nein, sagte er sofort, ich habe überhaupt kein
Problem mit dem Trinken. Und wieder lachte er
aus tiefstem Hals über alles und natürlich über
diese dumme Frage, ob er denn zu viel trinke.

Später dann die Feststellung, nicht mehr die
Frage: Du trinkst doch zu viel!

Ha ha, wieder ein Ha ha, ich habe überhaupt kein
Problem mit dem Trinken.

Dann der Hinweis: Du trinkst im Gartenhaus.

Ha ha, nein, ich arbeite im Gartenhaus.

Trotzdem hatte er wohl bemerkt, dass sein
erneutes Trinken, nachdem ich ihn das erstemal
wegen seines Alkoholkonsums verlassen hatte,
und er geschworen hatte, nie mehr zu trinken,
auffällig wurde, so trank er sodann den Wein nur
noch aus der Teetasse und im Gartenhaus hatte er
auch die dunkle große Tasse stehen und er trank
erst, wenn alle im Bett waren und wütete dann

die ganze Nacht betrunken durch alle Zimmer.

Auf Drängen seines Chefs hatte er, als wir noch
unverheiratet waren, eine Psychotherapie
begonnen, die er dann schnell wieder abbrach.
Der Psychotherapeut stellte ihm noch eine
Bestätigung aus, dass er dort war, die er seinem
Chef vorlegte, aber von Alkohol hatten beide in
der Therapie nicht einmal gesprochen.

Den nächsten Psychotherapeuten log er dann
jahrelang an. Dieser hatte sehr wohl eine
beginnende Leberzirrhose bei einer
Blutuntersuchung bemerkt und ihn darauf
hingewiesen, aber auch ihm, sagte er, er habe
überhaupt kein Alkoholproblem.

Und in der Folgezeit wählte er die Sitzungen bei
jedem Psychotherapeuten sehr genau aus: Die
Sitzung ließ er so festlegen, dass er wusste, zu
diesem Zeitpunkt würde er nicht betrunken
erscheinen, also z.B. unmittelbar am Nachmittag

nach der Arbeit, wenn er auf dem Rückweg war.
Das Trinken fing er unter der Woche ja immer
erst um 8 Uhr abends an. Nur am Wochenende
trank er von Freitag 13 Uhr bis Sonntag 17 Uhr.
Dann hörte er auf, um am Montag Morgen fit für
die Arbeit zu sein.

Auch als er völlig zusammenbrach, sagte er
nicht: Ich bin ein Alkoholiker oder alkoholkrank,
er sagte nur: Ich kann nichts mehr trinken.

In der Klinik während des Entzugs wies er
verhalten lachend auf die Alkoholexzesse seines
Bettnachbarn hin: Der steigt aus dem Fenster und
trinkt auf dem Christkindlmarkt den Glühwein.

Von sich selbst ahnte er vielleicht etwas, aber
laut sagte er auch da nichts.

Wieder daheim verschwieg er alles was mit
Alkohol zusammenhing. Es kam nie ein Wort der
Feststellung, des Verständnisses oder gar der

Entschuldigung.

Das war für seine Kinder und mich unerträglich.
Wenn er wenigstens ein einziges mal gesagt
hätte:
Gut, dass diese Zeit nun vorbei ist und wir
vertrauensvoll, rücksichtsvoll und offen
miteinander umgehen können.

Aber das erreichte er nie: Weder die Rücksicht
noch die Offenheit. Er verschloss sich und ging
und blieb in der verbitterten Einsamkeit.

Und er behielt seinen Hang zum Blenden. Seinen
Brüdern gegenüber gab er sich wieder als der
tolle Typ, der alles schafft, der alles macht, der
keine Probleme hat und überhaupt der King der
Welt ist.

Auch wenn sein Erscheinungsbild immer mehr
dem Verlierer der Welt ähnlich schaute: Müde,
immer mehr zusammengefallen, mit vielen

Knochen- und Gelenkschäden, vom
philosophischen Denken her weit entfernt, ohne
weise Ausstrahlung. mit traurigem Gesicht.
Wegschauen, wenn man ihn ansah.

Dieses Nichtwahrnehmen der Krankheit ist eines
der schlimmsten Symptome:

So oft in der Folge sah ich Frauen und Männer,
die eine Scheinmaske zeigten, die ein
erfolgreiches Bild abgeben wollten, die sich stark
und stabil präsentieren wollten und dies alles auf
dem vagen Untergrund des Alkohols aufbauten.

Vielleicht können manche alkoholkranke
Menschen in den Alkoholikergruppen von ihrem
hohen Ross herabsteigen und sagen, wie und was
sie wirklich sind. Im Leben draußen können sie
es wohl nicht.

XII. DER KONTAKT NACH AUSSEN

Neben der Familie, die Schritt für Schritt am
Alkoholiker kaputt geht, pflegt der Kranke noch
minimale Schritte zu anderen Personen. D.h.: So
wenig wie nur irgendwie möglich, denn niemand
soll erfahren, welch eine Sucht einen quält und
vor allem soll einem Niemand das Suchtmittel
wegnehmen wollen, ohne dieses glaubt der
Alkoholiker, nicht leben zu können.

So: Ganz wenig Kontakte. Notgedrungen zum
eigenen Chef. Der wird zwar wie alle anderen
ständig belogen, aber er kann schlecht
ausweichen, denn auch Arbeitskollegen
beschweren sich bei ihm über den
alkoholabhängigen Mitarbeitenden.

Der Chef schaut also auch weg und schweigt,
und leidet und weiß keinen Ausweg und will

nicht ansprechen, sondern lieber ignorieren.
Jahrelang reden er und der Kranke um das
Problem herum, bis es nicht mehr geht. Und dann
geht gar nichts mehr. Der Chef sagt, dass er nun
handeln muss und der Alkoholkranke will nicht
verstehen, kämpft im Inneren um seine Droge,
leugnet, gibt nichts zu, ist beleidigt, sucht
Auswege, nur nicht die Wahrheit, nicht die
Konfrontation.

Ich habe Chefs erlebt, die die Lage klar und
direkt angesprochen haben, die zu dem Kranken
sagten, sie gehen sofort zum Hausarzt und
melden sich für eine Entziehungskur an, bis das
nicht getätigt ist, brauchen Sie nicht
wiederzukommen. Ein Bruchteil der
Alkoholkranken macht das, die meisten nicht, sie
verschwinden einfach und gehen nicht mehr in
die Arbeit. Und trotzdem ist es richtig, die
Sachlage so genau zu sagen, wie Sie ist: Sie sind
alkoholkrank!

Das kann man einem Chefarzt genauso sagen,

wie einem Schuldirektor, einem Abteilungsleiter
genauso wie einem Taxifahrer. Man muss es
sagen, aber man muss auch wissen, in 98 % der
Fälle wird der Kranke nicht in den Entzug gehen,
sondern einfach die Wohnorte wechseln.

Manche Chefs versuchen es mit detaillierten
Anweisungen: In die Entzugsklinik, zum
Psychotherapeuten, in eine andere Wohnung,
weg von den Kontakten, die gepflegt wurden,
raus aus dem Milieu usw. usw.

Der Kranke hört eine Minute mit Schaudern zu,
dann verabschiedet er sich innerlich und will nur
noch aus dieser Situation raus. Weglaufen, in
sicheres Gebiet gelangen, kündigen, neue Stelle,
neue Ehe, neue Familie, neue Kontakte, alles
Leute, die nichts von Sucht wissen.

Aber das ist nicht leicht, denn viele wissen.

Und doch finden sich immer wieder Helfer mit
Helfersyndrom, und gerade Helferinnen meinen,

sie wüssten, wie denn zu helfen wäre und helfen
und ermöglichen dem Alkoholkranken noch
mehr das Hineintauchen in die Sucht und die
Lüge.

Diese Helferinnen und Helfer sind überzeugt, sie
schaffen es, den Süchtigen von der Krankheit
weg zubringen, sie kämpfen, setzen sich ein,
wenden alle Kräfte auf, bis sie merken, sie
schaffen es nicht, dann ist bereits wieder ein
Umfeld zerstört, wieder sind Kinder verzweifelt
und am Ende, wieder sind Ehen und
Freundschaften zerbrochen, nur einem geht es
gut, bei dem ist nichts kaputt: Der Alkoholiker
selbst.

Er schaut zu, wie die Menschen um ihn herum zu
Grunde gehen, kämpfen, leiden, sich sorgen, aber
er geht nicht in sein Inneres. Sein Ich hat nur
einen Freund: Den Alkohol und den will er ein
Leben lang behalten.

So ziehen sich Klassenkameraden zurück,

Nachbarn schauen weg, Bekannte verstecken
sich oder kommen nicht wieder. Chefs geraten so
sehr in Panik, dass sie dieses Übel nur noch
abschütteln wollen, egal wie und
Familienangehörige steigen in die Lügengebilde
mit ein.

Wie oft habe ich Familienangehörige
angesprochen: Der Bruder hat ein Suchtproblem.

Nein, wurde mir geantwortet: hat er nicht!
Und sie lachten über meine Worte.

Alkoholabhängige und in der Folge auch
Coabhängige stehen alle auf dünnem Eis,
glauben aber das rettende Ufer nur erreichen zu
können, wenn sie weiter leugnen, dass das Eis
dünn ist, dass darunter eiskaltes Wasser fließt,
dass ein Grund nicht gesehen werden kann. All
das ist nicht. Alles ist heil, alles ist gut. Alles ist
richtig.

Ganze Operationssäle wissen um die

Alkoholabhängigkeit ihres Chefarztes und keiner oder keine weiß, was sie oder er tun soll.

XIII. SCHANDE

Denn Alkoholismus ist nicht nur eine Krankheit,
es ist eine Schande. Man muss sich schämen,
wenn man einen Angehörigen oder Mitarbeiter
hat, der sein Trinken nicht im Griff hat, der
morgens mit Fahne in die Arbeit oder an den
Operationstisch kommt, der lallt, wenn ernste
Verträge oder Pläne besprochen werden.

Warum niemand etwas sagt, hat aber auch noch
andere Gründe: Alles was in solch
Krisensituationen gesagt wird, hört der
Betrunkene nicht. All die Ermahnungen, das ins
Gewissen reden, das mitfühlend die Meinung
sagen, das ernst oder tieffühlend oder dramatisch
oder verletzt auf den Alkoholiker Einreden
bringen gar nichts, denn der Alkoholiker ist so
betrunken, dass er all die gut gemeinten Worte

gar nicht hört, oder wenn er einzelne Brocken
hört, dann hat er sie vergessen, wenn er wieder
nüchtern ist.

Jedes Reden mit dem Kranken ist umsonst. Das
macht die Wegbegleiter, die gutwilligen
Vorgesetzten , die Danebengehenden so mürbe,
so verzweifelt: Er hört mich nicht! Sie hört mich
nicht!

XIV. DIE WELT HERUM

So schauen sich die Menschen darum herum an
und wissen auch nicht, was sie zueinander sagen
sollen.

Sie wünschen sich nur eins, dass dieses Problem
nicht existiert, oder dass sie nichts damit zu tun
haben müssen.

Aber Alkoholiker sind laut und sie sind auffällig.
Sie grölen, sie schreien mit Worten, dass sie im
Recht sind und dass man so schlecht mit ihnen
umgeht.

Und wenn niemand zuhören will, dann stupsen
sie, oder schlagen gar oder nähern sich mit
Drohgebärde. Und wenn jemand sie stoppen will,
dann erheben sie die Faust und recken sie gegen
das Gesicht des anderen. Bis der Bedrohte nicht
mehr weiß, was er sagen soll.

Irgendwann verschwört sich der gesamte
Familien- oder Arbeitsclan: Man kontrolliert jede

Bewegung des Alkoholabhängigen, man schaut
auf seine Finger, man durchsucht seine
Schreibtischschränke, ob dort Weinflaschen
versteckt sind. Und natürlich sind sie dort
versteckt.

Man reißt Sprüche, wie: Heute trinken wir nur
Orangensaft oder man muss ja nicht bei jeder
Geburtstagsfeier Sekt trinken, man kann auch
Häppchen essen.

Der Alkoholiker mittendrin freut sich über diese
Bemühungen, merkt natürlich genau, was los ist
und schreit irgendwann in die Runde: Gibt es
denn heute gar kein Bier vom Fass! Und lacht
dazu laut und schrill, so dass alle lachend mit
einfallen, obwohl den meisten zum Weinen
zumute ist.

XV. DER GRUPPENWAHNSINN

Wie rauskommen aus diesem Dilemma.

Gar nicht, kann man nur sagen:

Gib auf: Nimm Dein Kind, Deine Katze und die
Koffer und ziehe weit weg.

Lass den Alkohol nicht zu Deinem Problem
werden. Er ist nicht Dein Problem, er ist das
Problem von ihnen, den Abhängigen, und Du

kannst ihnen gar nicht, absolut ganz und gar nicht
helfen.

Alle Bemühungen von Dir werden sie ignorieren,
sie werden sich sogar über Deine Hilfsversuche
lustig machen und sie werden Dich schlagen,
wenn Du ihnen zu nahe kommst.

Also pack Deine Sachen, reiche die dauerhafte
komplette Trennung oder Scheidung ein und sei
weg für immer.

Und wenn einer oder eine dann hinter Dir
herläuft, Dir hoch und heilig verspricht: Nie
mehr auch nur einen Tropfen zu trinken, dann sei
Dir sicher: Er oder sie lügt auch diesmal.

XVI. DIE REAKTIONSFORMEN

Es gibt Alkoholabhängige, die trinken, bis sie
umfallen und liegen dann 2 -3 Tage auf dem
Boden. Es gibt andere, die nach einer hohen
Trinkmenge sentimental werden und nach Hilfe
schreien und sich ausweinen. Es gibt wiederum
andere, die nach einer bestimmten Menge
glauben, die ganze Welt sei gegen sie, und
stellvertretend für alle, ihre Frau und ihre Kinder
zusammenschlagen.

Es gibt aufbrausende Alkoholiker und
schreiende. Eine Frau richtete ihrem

alkoholkranken Mann eine Säuferstube im Keller
ein. Dort stellte sie ihm so viele Flaschen hin,
wie er wollte und ließ ihn trinken, bis er umfiel
und dort in dem Kellerverließ ohnmächtig und
willenlos auf einer Matrazze liegen blieb.

Nach 2-3 Tagen erwachte er wieder – und wusste
von nichts.

Es gibt Alkoholiker, die abends ins Wirtshaus
gehen und sich dort volllaufen lassen und immer
die gleichen tragischen Lebensgeschichten ihren
Trinknachbarn erzählen. Im Laufe das Abends
sind sie immer weniger Herr ihres Ichs und ihrer
Muskulatur, dass sie nicht mehr heimgehen
können und dann packt der Wirt den kaputten
Menschen, lädt ihn in sein Auto ein und fährt ihn
zu seiner Familie heim. Dort kann er dann noch
stundenlang randalieren und alle bedrohen.

Es gibt Alkoholiker, die mit triefend roter Nase
bei Meetings sitzen und blöde Witze machen.

XVII. DAS ERSCHEINUNGSBILD

Das Trinken geht an Menschen nicht spurlos
vorbei. Erfahrene sehen sehr schnell, wenn ein
Mensch ein Alkoholproblem hat: Der Teint ist
dunkler, die Nase dicker und röter, die Haut ist
leicht geschwollen, der Gang unsicher,
Kniegelenke sich oft defekt.

Mehr als das äußere Erscheinungsbild ist es
jedoch das innere: Die Seele ist verwundet, die
Steuerung nicht mehr möglich, die
Wahrnehmung gestört, die Sprache verwaschen,
die Mimik abweisend, die Kontaktsuche
unterbrochen.

Wie mit so einem Menschen zusammenleben?

Es geht nicht!

XVIII. HEILEN KANN DER ALKOHOLIKER SICH NUR SELBST

Also weggehen und ihn in seinem erbrochenen
Dreck liegen lassen. Hilft das?

Leider auch nur manchmal:
Es gibt Alkoholiker, die so sehr absinken und
verdrecken, dass sie ein Bedürfnis haben,
aufzustehen.

Es gibt Alkoholiker, die in der Gosse liegen und
meinen: Nun ist es genug mit dem Trinken, die
sich dann sammeln und organisieren. Das sind
wenige, die diesen zweiten Aufbruch versuchen,
um in ein neues alkoholfreies Leben zu starten.

Aber den meisten gelingt dieser Aufbruch nicht.
Sie sinken, sie verdrecken, sie trinken heimlich,
sie fliegen aus der Familienwohnung raus, sie
verlieren Frau und Kinder, der Chef nimmt ihnen
die Arbeit, niemand will mehr mit ihnen reden,

sie sacken ab und fallen down, aber sie kehren
nicht um.

Viele sterben dann einfach, vergessen in ihrem
Dreck. Manche bluten aus der Speiseröhre, weil
die Venen zu dick geworden sind durch diese
ständige Gefäßerweiterung,

Manche stürzen im Rausch und haben nicht mehr
die Kraft, aufzustehen, so bleiben sie tagelang
liegen, bis irgendjemand sie vermisst, wenn
überhaupt jemand sie vermisst.

Viele sterben ganz einfach und schnell, im
Rausch, in der Verdrängung, in der
Lebensaufgabe. Sie schauen nicht mehr links und
rechts, ertränken ihr Ich im eigenen Sumpf und
finden keinen Weg hinaus.

Auf diesem Weg in das tiefbetrunkene Sein
empfinden manche diesen Zustand als
Selbstmord.

Alkohol ist der Selbstmord eines Feiglings,
sagte einmal ein Alkoholiker.

XIX. ANDERE DROGEN

Alkohol ist die schlimmste Droge, denn sie
verändert den Menschen in all seinen
Wesenszügen. Alkohol raubt das Ich und das
schlimme: Der Mensch merkt es nicht, weil er so
betrunken ist.

Der Betrunkene merkt gar nichts. Er merkt nicht,
wie schlimm die Droge ist. Er merkt nicht, wie
sein Ich kaputt geht. Er sieht sich nicht, denn er
kann nicht mehr sehen. Er hört sich nicht, denn er

kann nicht mehr hören. Er schaut nicht in sein
Inneres, denn er kann das Innere nicht mehr
wahrnehmen.

Der Alkoholiker ist nicht bei sich: Nicht in dem
Zustand des Suchtdrucks, nicht in dem Zustand
des Betrinkens, nicht in dem Zustand des
Betrunkenseins, nicht in dem Zustand des
Wiedertrinken wollens.

Nur ganz kurz in dem Zustand des Aufwachens.
Dann schämt er sich ganz kurze Zeit und diese
Scham ist so groß, dass er sich sofort ein Glas
Rotwein einschenken muss, um die eigene
Scham nicht zu sehen und nicht zu erleben.

So kommt die nächste Phase des Betrunkenseins,
als Erlösung für die Qualen der vorausgehenden
Phase.

Dann kommt die kurze Phase: Ich bin der King
der Welt!

Ich bin wieder stark und ich kann alles, der
Alkoholspiegel ist in diesem Moment gering,
deshalb diese übernatürliche Stärke, und dann
geht es schnell in die Bewusstlosigkeit hinab.

Rauchen ist auch eine entsetzliche Sucht, aber
rauchen raubt niemals das Bewusstsein. Es
zerstört das Innere, die Lunge, das Herz, das
Gemüt, aber nicht die Wahrnehmung.

Andere Drogen heben das Ich schnell in eine
Phantasiewelt und sie sind viel schneller tödlich.

Alkoholiker aber leben lange. Sie wanken die
Straße rauf und runter, sie reden Leute blöd an,
sie grölen und schleudern verachtende Worte,
aber sterben tun sie nicht.

Manche Menschen fangen mit 20 Jahren an zu
trinken und sind mit 80 immer noch betrunkene
Herumirrende.

Andere trinken Jahr für Jahr mehr immer dem

Abgrund entgegen, aber während ihre Lieben alle
sterben, leben sie in einem irren Zustand dahin
und werden uralt.

Manche sauen sich ein in ihrem Gekotzen und
ihrem Dreck und fühlen sich darinnen
buchstäblich SAUwohl, denken nicht daran, die
Hose zu wechseln, stinken durch die Gegend,
verkriechen sich in Löchern, aber trinken weiter.

XX. WAS TUN MIT ALKOHOLIKERN

 Auf alle Fälle: Nicht heiraten. Nicht mit ihnen
eine Familie gründen, Nicht mit ihnen
zusammenleben,

Alkoholabhängigkeit ist eine schwer seelische Krankheit.

Wer von dieser Krankheit betroffen ist, müsste sich bewusst sein, dass sehr viele Menschen mit dieser Krankheit leben.

Man spricht davon, dass in Deutschland 9,5 Millionen Menschen alkoholabhängig sind, in der EU etwa 78 Millionen ein Alkoholproblem haben, dass Alkohol die häufigste Todesursache bei jungen Männern in der EU ist und in Russland jeder zweite Todesfall bei Männern zwischen 15 und 54 der Alkohol ist.

XXI. WAS SAGT DER ALKOHOLIKER SELBST

Es wäre schön, wenn man den Alkoholiker fragen könnte, was er selbst zu seine

Alkoholkrankheit meint, was er dazu sagt, dass er sich fortwährend betrinkt und kaputt macht und betäubt und aggressiv wird.

Man wird keine Antwort bekommen. Der Alkoholiker sieht sich selbst nicht als schwach oder zerstörerisch: Im Gegenteil, er sieht sich als stark, weil er mit dem Alkohol unendliche Stärke empfindet, bis hin zur Bewusstlosigkeit, und weil er sofort nach dem Aufwachen wieder trinkt und sich stark fühlt.

Ein Alkoholiker wird also auf die Frage, was sagt er selbst zu dieser vernichtenden Verhaltensweise NICHTS sagen.

Er wird lachen, und meinen, der Fragende sei ein wenig krank im Kopf, weil er oder sie solch blöde Fragen stellt.

Lachen wird er, um seine Überlegenheit vorzuspielen, um sich stark zu präsentieren, um sich als wichtig und unverletzlich darzustellen.

Problem: Nein! Ich doch nicht! Ich habe kein Alkoholproblem!

XXII. DIE SCHLIMMSTEN EREIGNISSE

Manche Ereignisse in der Ehe mit dem Alkoholiker sind so schlimm, dass sie immer wieder albtraumartig im Kopf stecken.

SPRACHLOSIGKEIT

Das erste halbe Jahr der Ehe war schön: Wir bekamen so viel Besuch und haben dabei immer Sekt- und Weinflaschen geöffnet, dass ich gar nicht bemerkte, dass mein Angetrauter ein Alkoholproblem hat.

Das erstemal als ich bemerkte, dass etwas nicht
stimmt, war, als er nach so einem geselligen
Abend nicht die Tageskleidung ablegte, sich den
Schlafanzug anzog und zu Bett ging, sondern
einfach von der Couch auf den Boden rutschte
und dort liegen blieb.
Viele viele Stunden lang.

Am nächsten Morgen war er
zerknatscht und zerdrückt, aber er kommentierte
sein Schlafen auf dem Boden nicht. Er ging ins
Bad und zog sich an, um in die Arbeit zu gehen.
Kein Wort, warum er den Weg zum Bett nicht
mehr gefunden hatte, kein Wort, ob er nicht am
Abend zuvor vielleicht zu viel getrunken habe,
kein Wort, was hast Du denn gestern Abend
gemacht. Nichts, Stille, Schweigen.

Ich ignorierte die Situation, dachte an einen
einmaligen Ausrutscher und es schien mir
peinlich darüber zu reden.

Das war natürlich ein großer Fehler.
Ich hätte ihn vermutlich besser anschreien sollen;
Du Säufer, Du hast ja Dein Trinken überhaupt
nicht im Griff, besäufst Dich da sinnlos, während
Gäste bei uns sind, nichts als peinlich und dann
einfach auf dem Wohnzimmerboden zu landen,
wie eklig, Dass mir das nicht mehr vorkommt!
Ohne mich mein Guter! So nicht! Usw.
Drohstöße aussendend

Statt dessen schwieg ich.

Ich hätte auch gar nicht gewusst, wie ich solch
tadelnde Sätze hätte starten können.

KATASTROPHAL ALS ER SEINE KINDER
NICHT MEHR KANNTE

Ich musste arbeiten, um Geld zu verdienen.
Dachte mir nichts dabei, dass ich Nachtschichten
machte, weil ich ja glaubte, der Ehemann sei zu

Hause und passe auf die Kinder auf.

So ging ich gegen 17 Uhr in die Arbeit.
Versorgte ein riesiges Heim mit etwa 150 alten
gebrechlichen Menschen und hatte nachts nur 2
ungelernte Hilfskräfte. Ich war die einzige
Examinierte, aber das reichte nach den
Vorschriften des Heimgesetzes.

Gegen 19 Uhr bekam ich den Anruf meines
kleinen Sohnes: Wir stehen hier in der
Telefonzelle des Ortes und können nicht in das
Haus hinein. Der Vater steht vollbetrunken an
der Eingangstüre und lässt uns nicht hinein. Er
scheint uns nicht zu kennen.

Ich geriet in Panik: 150 Leute, die ich versorgen
musste, 5 Sterbende, nur ungelernte Hilfskräfte,
die ich nicht allein lassen durfte: Ich selbst die
ganze Verantwortung für das Haus und zu Hause
ein betrunkener Ehemann, der die Kinder nicht
reinlässt, weil er sie in seinem Suffzustand nicht
mehr erkennt.

Ich sagte dem Sohn, er solle mit seiner kleinen
Schwester, die damals erst 7 Jahre alt war, zu den
Nachbarn in der Nebenstraße gehen und fragen,
ob die beiden dort schlafen könnten.

Das taten die Kinder und glücklicherweise nahm
die Nachbarin die Kleinen auf und gab ihnen für
die Nacht ein Bett.

Als ich am Morgen aus der Nachtschicht
heimkam, war der Mann schon weg. Das Haus
war verschlossen, die Kinder holte ich von der
Nachbarin ab und bedankte mich sehr, dass sie
die Kleinen für die Nacht aufgenommen und
ihnen ein Bett gegeben hatte.

Albtraum, Horror, Verzweiflung folgten.

Der Mann war auf den Vorfall nicht ansprechbar.
Er erinnerte sich schlichtwegs nicht daran, dass
die kleinen Kinder vor der Türe standen und
hineinwollten. Er hatte über die Nacht gar keine

Erinnerung mehr.

Er sah auch gar nicht mein Problem. Es wäre
doch alles gut gewesen, meinte er.

Man stand da wie ein Vollidiot, als hätte man
diese Schreckensnacht nur erfunden.

Die Kinder aber hatten ein Trauma, hatten Angst,
nochmals mit ihrem Vater alleine zu sein. Ich
konnte keine Nachtschichten mehr machen, oder
musste die Kinder vorher schon zu meiner Mutter
bringen, wenn ich wusste, dass ich in die
Nachtschicht muss, damit die Kinder dort in
Ruhe schlafen konnten.

DIE POLITISCHE EINLADUNG

Ich war zu der Zeit politische Mandatsträgerin,
Fraktionsvorsitzende und sehr engagiert.

So wurde ich neben der politischen Tätigkeit
auch zu Festakten und Ehrungen eingeladen.

In einer hieß es ausdrücklich: Bringen Sie Ihren
Ehemann oder Partner, Ehefrau oder Partnerin
zur Ehrung mit.

Dies tat ich.

Zuerst wurden die Festreden gehalten, dann kam
der Empfang: Ich kannte fast alle Leute und war
schnell in Gespräche vertieft. Mein Ehemann
stand derweil bei den Tischen des Stehempfangs
und kippte ein Glas Sekt nach dem Anderen in
sich.

Als ich zu ihm hin ging, meinte er, dies wäre ein
wunderschönes Fest und fing bereits an zu lallen.

Ich erschrak wahnsinnig, fürchtete auch, mich
sehr zu blamieren, wenn ich einen Partner dabei
habe, der sein Trinken nicht im Griff hat. So
sprach ich ihn vorsichtig an, ob er nicht mit mir
jetzt nach Hause gehen wolle.

Nein grölte er, bei diesem Fest geht man doch so

schnell nicht heim, da ist es doch so lustig und interessant. Und er kippte das nächste Glas Sekt in sich hinein.

Ich zitterte und war am Verzweifeln, wie diesen Betrunkenen hier wegkriegen, bevor er richtig anfängt zu randalieren.

Ich versuchte mehreres, aber es ging nicht, er wurde statt dessen immer lauter und schriller.

Schließlich weihte ich einen Parteikollegen in das Drama ein: Dieser lockte den Mann unter einem Vorwand aus dem Festsaal hinunter in die Tiefgarage, dort drängten wir beide ihn fast mit Druck in mein Auto und der Kollege schloss schnell die Türe und ich fuhr los.

Mein Ehemann schrie und tobte, er wolle wieder zu dem Fest.

Ich log, das Fest sei jetzt zu Ende und alle hätten nun heim gehen müssen

und wir würden zum nächsten Fest ja wieder
hingehen und da dürfte er wieder mit, er solle
sich nur etwas gedulden.

Das glaubte er mir schließlich.

Sein Verhalten realisierte er niemals, weder zum
Zeitpunkt des Entstehens, noch danach jemals.

Für ihn war die Welt am nächsten Tag wieder
klar und in Ordnung.

Ich selbst aber blieb mit einem schweren Trauma
hängen, weinte verzweifelt, wusste keinen
Ausweg mehr. War in einer Sackgasse gelandet,
aus der ich keinen Ausweg mehr sehen konnte.

Dass sich Menschen um mich herum immer mehr
von mir und von dem Problem entfernten oder
entfernen wollten, erkannte ich sehr genau.
Versuchte auch manchmal den Menschen zu
erklären, dass mein Mann ein Alkoholproblem
hätte und ich selbst auch völlig hilflos und

verzweifelt sei, aber ich glaube, Menschen, die einen Alkoholabhängigen nicht selbst erlebt haben, können gar nicht nachvollziehen in welchen Qualen der Angehörige oder die Angehörige steckt. Die anderen meinen, das Problem sei ein vorübergehendes Beziehungsproblem und die Ehe sei vielleicht nicht so gut oder nicht so sehr in Ordnung und man solle doch mal mehr Rücksicht aufeinander nehmen und sich besser verstehen.

Was wirklich ist, wie verzweifelt der Partner oder die Partnerin sind, können Außenstehende nicht mal erahnen.

Man steckt alleine und verlassen in diesem Wahnsinn.

Und der Mist um einen herum wächst und wächst, raubt jede Ruhe, jede Vernunft, jede Entspannung
es ist der familiäre SuperGAU!

IN DIE WAND EIN LOCH GESCHLAGEN

Eines Tages, als die Kinder und ich heimkamen,
hatte der Ehemann und Vater das ganze Haus
abgesperrt und zwar so heftig, dass wir durch
keine Türe mehr reinkamen.

Er selbst war nicht zu Hause.

Wir wollten aber rein und wollten schlafen
gehen. Wie aber reinkommen?

Türen und Fenster wollten wir weder eintreten
noch einschlagen.

Schließlich überlegten wir, an der Fassade eine
Leiter anzulehnen und in das erste OG zu steigen,
dort schraubten wir die Fassadenschalung
ab, entfernten die Dachisolierung, durchstießen

die Rigipsplatten und gelangten so durch ein kleines Loch ins Innere des Hauses. Von innen gelang es uns dann auch Türen und Fenster zu öffnen, so dass wir alle reinkamen.

TEIL III

KINDER VON ALKOHOLKRANKEN

Kinder schweigen, aus Angst, aus Scham, aus tiefer Verletztheit.

Sie schämen sich vor Freunden und Klassenkameraden, vor Nachbarn, vor Gästen, vor anderen Eltern.

Sie verkriechen sich und wissen nicht, was sie angestellt haben, dass sich Vater oder Mutter so betrinken.

KIND I: THOMAS

Wenn mein Vater betrunken war, war er sehr
lustig, hat mit mir sogar spaßige Dinge gespielt
und wirkte gelöst und heiter -

wenn er nüchtern war, stand er da, wie ein
begossener Pudel, verkroch sich in seinem
Schlafanzug, ließ die roten Augen heraushängen,
registrierte nicht, dass ich sein Kind war, sah an
mir vorbei -

Wenn mein Vater schwer betrunken war, tobte er
gegen uns alle. Gegen meine Mutter, mich und
meine Geschwister. Er warf Gegenstände nach
uns, schleuderte Weingläser gegen unsere
Gesichter, tobte in der Wohnung herum -

Wenn mein Vater extrem betrunken war, ließ er
sich auf den Boden fallen, sagte nichts mehr, als
ob er tot wäre, schloss seine Augen, zeigte

keinerlei Reaktion mehr -

Wenn mein Vater wieder nüchterner war, sprach
er kein Wort über seinen Zusammenbruch, keine
Silbe über den Alkohol, keinen Satz mit uns
Kindern, es war so, als hätten nur wir den
Zusammenbruch erlebt, und er nicht -

KIND II: CLAUDIA

Wenn ich Geburtstag hatte, wollte ich am
Wochenende andere Kinder einladen. Mein Vater
war aber samstags immer betrunken und weigerte
sich, die Nachbarskinder
hereinzulassen. Die Geburtstagstorte warf er vom
Wohnzimmertisch herunter, grölte, er wäre hier
und kein Kind solle Geburtstag feiern, das würde
ihn stören.

Meine Mutter, meine Geschwister und ich
weinten und flehten ihn an, wegzugehen und die
Geburtstagsfeier stattfinden zu lassen.

Aber Vater schrie und schlug um sich.

In unserer Verzweiflung riefen wir bei einem
Nachbarn an, er möge doch bitte kommen und
Vater sagen, dass er ihn zu einem wichtigen
Termin mit nehmen müsse.

Vater merkte die List nicht. Als der Nachbar in
das Wohnzimmer kam und von dem wichtigen
Termin herumlog, glaubte er ihm und räumte
tatsächlich das Feld, bzw. das
Geburtstagszimmer, so dass ich mit meinen
Freunden und Freundinnen feiern konnte.

Es war allerdings das letztemal, dass ich eine
Geburtstagsfeier organisierte, denn ich fürchtete
so sehr, dass mein Vater wieder so ausrasten
könnte und so total betrunken meine Gäste
hinauswerfen würde.

KIND III: JOHANNES

Ich sagte meiner Mutter, dass ich mit diesem
betrunkenen Vater sterben werde. Meine Mutter
dachte, wir müssten dem Vater eine zweite
Chance geben. Vielleicht würde er ja doch zu den
anonymen Alkoholikern gehen und dann
nüchtern werden.

Aber wir hofften alles vergebens. Er selbst hat
kein Problem, sagte Vater immer wieder. Und er
sah nicht, wie wir zu Grund gingen.

KIND IV: SILVIJA

Die Haustür öffnet sich. Ich sehe rieche und fühle
es sofort. Mein Vater hat gefährlich viel
getrunken. Meine Mutter an seiner Seite ist
zusammengschrumpft.

Sie kommen von der Arbeit nach Hause.

Ich war alleine zu Hause, bin um sieben
aufgestanden, mit dem Fahrrad ins Gymnasium

gefahren, habe alleine zu Mittag gegessen,
Hausaufgaben gemacht. Um fünf Uhr muss ich
im Sommer wie im Winter zu Hause sein. Ich bin
zu Hause.

Im Frühsommer ist es draußen hell, in mir wird
es dunkel vor Angst. Es wird eng in meinem
Brustkorb, mein Herz fängt an zu rasen, mein
Atem wird flach, Tränen. Schon höre ich meinen
Vater schreien.

Auslöser ist der Abwasch, aber der Grund seiner
Aggression ist das nicht.

Der Grund Papa ist, dass zu viel Alkohol deine
Blut-Hirn Schranke passiert hat. Du hast es
wieder einmal nicht geschafft, die Finger von
deiner Problemlösestrategie zu lassen.

Er sagt, ich soll abspülen, aber ich habe Angst
und will nur weg von hier.

Als ich das letzte Mal dich in so einem Zustand
erlebt habe, hast du deine Faust in meinem
Gesicht und in meinem Bauch platziert und als
ich hingefallen bin, hast du mich in die Seite

getreten.

Papa, als ehemaliger Vize-Junior-Box-Landesmeister müsstest du doch wissen, dass ich mit meinen 42 kg nicht deine Gewichtsklasse bin! Das ist unwürdig, was du da tust!

Wie alt war ich, als meine Mutter mich auf ihre Seite gezogen hat? Elf? Zwölf? Sie erzählte mir Sachen aus ihrem Liebesleben, die mein Vater nicht wissen durfte und sagte, dass sie mit meinem Vater nicht zusammen leben wollte, wenn er trank. Über einen langen Zeitraum hat sie mir das erzählt.

Wir waren am Tag vorher bei Freunden meiner Eltern. Wir haben gemeinsam gegessen, geredet und gelacht. Als wir nach Hause gehen wollten, packte meinen Vater wieder diese Unruhe und er wollte alleine an einem anderen Ort weiter feiern.

Ich habe die Rolle meiner Mutter übernommen und gesagt, wenn er mit uns jetzt nicht mit nach Hause kommen will, dann braucht er überhaupt nicht mehr nach Hause zu kommen.

Und meine Mutter? "Pscht, sei doch still!"
Verraten hat sie mich und sich.

Am nächsten Tag war Feiertag. Meine Mutter
arbeitete in der Gastwirtschaft, ich kam Mittags
vom Reiten nach Hause, gleichzeitig mit meinem
alkoholisierten Vater, der mich niederschlug.

Ich lag lautlos weinend auf dem
Wohnzimmerteppich. Du hast es noch nie sehen
können, wenn ich geweint habe. Betrunken wie
du warst, hast du mich vom Boden aufgehoben
und mir Vorwürfe gemacht. Ich wüsste doch,
dass deine Mutter gestorben sei, als du fünf Jahre
alt warst und du den Schlägen deines Bruders,
deiner Schwester und deines Vaters ausgesetzt
gewesen seist und jetzt würde ich es wagen zu
sagen, er solle nicht mehr nach Hause kommen.
Dabei würdest du mich und meine Mutter über
alles lieben.

Nun ja, fast über alles. Der Alkohol und die
bezahlten Frauen waren ein gutes Stück
wichtiger als wir.

Du wolltest von mir die Wertschätzung, die du
von deiner Familie nicht bekommen hast. Hallo?!
Papa?! Ich bin dein Kind und nicht umgekehrt!
Das habe ich gedacht, nicht gesagt. Ich bin
verstummt.

Ich habe lautlos geweint, bis du eingeschlafen
bist.

Wenn nach einer längeren Trinkpause dich
wieder diese Unruhe gepackt hat und du
angefangen hast, das weiße Hemd mit der
schwarzen Rose, die goldenen
Manschettenknöpfen und den graublauen Anzug
anzuziehen, hat meine Mutter gebettelt, du sollst
dich wieder beruhigen, da hast du sie übelst
beschimpft. Die Beleidigungen Papa, klingen mir
heute noch in den Ohren. Ich habe einerseits mit
ihr gelitten und auf der anderen Seite habe ich
mich für sie geschämt, weil sie sich so erniedrigt
hat. Ich war wütend auf sie, weil sie behauptet
hat, sie trennt sich nicht von dir, damit ich einen
Vater habe und ich war wütend auf dich, weil du
so unerhört gemein zu ihr warst.

Ja, Papa so sehr hast du uns geliebt, aber dein Hass war stärker. Deine Unfähigkeit, über deine Gefühle zu reden, deine Probleme zu lösen und dir gute Gefühle ohne Alkohol zu verschaffen haben nicht nur dein, sondern auch unser Leben vergiftet.

Sie haben dir dein Selbstwertgefühl als Kind aus dem Leib geprügelt und wir, meine Mutter und ich waren dazu da, es durch unseren Gehorsam aufzupolieren. Aber wir waren nicht gut genug.

Weißt du, mit dir als Kind habe ich sehr viel Mitgefühl, aber als Erwachsener hast du versagt. Du hast mich zum Opfer gemacht und mein ganzes Leben lang bin ich dabei, diese Rolle zu verlassen, mein Leben zu leben, mich zu zeigen, meine Talente, die ich auch von dir geerbt habe, endlich auf die Welt zu bringen. Ich bin dabei, mich zu zeigen und gut für mich zu sorgen.

Ich bin abgeschweift.

Wir stehen in der Küche und du sagst, nein du schreist, ich soll abspülen.

Ich sage, ich gehe vorher baden und husche zur
der Tür, die in den Keller führt.

Das Bad ist im Keller, aber dort ist auch die
rettende Tür zum Garten. Ich renne hinunter. Du
kannst es nicht fassen, dass ich es wage, deinem
Befehl nicht zu gehorchen. So etwas hat es bis
dahin nicht gegeben, denn ich war bis dahin eine,
die immer schweigend getan hat, was du gesagt
hast.

Ich höre dich hinter mir her rennen und vor Panik
biege ich nach links in den Lagerraum ab. Hier
gibt es keine Tür ins Freie.

Dann: Deine begabten Handwerkerhände wie
Schraubstöcke um meinen Hals.

Schmerz. Ich höre, wie oben in der Kellertür
meine Mutter schreit. Und mir schießt der
Gedanke durch den Kopf: "Na immerhin bettelt
sie nicht".

Später wird sie behaupten, sie hätte auf meinen
Vater eingeschlagen und mir dadurch das Leben
gerettet.

HAT SIE NICHT.

Ich höre mich husten Ich sehe meine Hände, die
deine umschließen und auf einmal wird es dunkel
und ich denke: "Das war also mein Leben".
Hingabe. In diesem Moment hört das Kreischen
meiner Mutter auf, der Schmerz verflüchtigt sich,
ich spüre, wie langsam aus meinen Händen die
Kraft weicht. Alles wird leicht und hell. Ich fühle
unendliche Liebe. In diesem Moment lässt mein
Vater meinen Hals los.

Der Schmerz kehrt sofort zurück, mein Hals
brennt. Mein Verstand ist noch nicht am Arbeiten
als meine Füße mich schon durch die Kellertür
hinaus in den Garten und weiter zu meiner
Freundin getragen haben.

Die Eltern meiner Freundin nehmen mich auf.
Die Würgemale an meinem Hals lasse ich mir
von unserem Hausarzt, der um die
Alkoholproblematik meines Vaters weiß,
bestätigen.

Einen Monat später habe ich mit Hilfe meiner Freunde für mich und meine Mutter eine Wohnung gefunden.

Ein halbes Jahr später gehe ich durch meine eigene Hölle und komme oben wieder heraus, mache Abitur, bekomme zwei Kinder und studiere Psychologie.

Mein Vater hat behauptet, ich hätte kein Gehör. Als ich dreißig war, habe ich mit Singen Geld verdient.

Mein Vater mochte es nicht, dass ich reiten gehe. Als ich 52 war, habe ich mir ein Pferd gekauft.

Mein Vater hat mich nicht Klavier spielen lassen.

Seit ich 54 bin, nehme ich Klavierunterricht.

Ich gehe meinen Weg. Und wenn ich in diesem
Leben mir selber meinen letzten Wunsch erfülle,
werde ich auch noch ein Buch schreiben.

Silvija Schönweitz-Prokschi
Diplom Psychologin
Systemische Familientherapeutin

... und vieles mehr.

SCHLUSSWORT

Menschen, die das Unverständnis und die Gewalt
eines Alkoholkranken nicht erlebt haben, können
nur schwer nachvollziehen, wie Ehefrauen und
Kinder, oder Ehemänner und Kinder, unter dem

Alkoholismus des Familienangehörigen leiden.

So werden Alkoholikerfamilien durch die
ständige Anwesenheit des Herrschers Alkohol zu
einsamen Familien, vor denen andere fliehen und
so die Betroffenen in Verachtung zurücklassen -
und sie werden durch die Schuldzuschiebungen
anderer, sowohl anderer Familienangehöriger,
wie auch von Nachbarn oder Arbeitskolleginnen
und -kollegen immer mehr in die Isolation und
Verzweiflung getrieben.

Denn sie dürfen nicht sagen, bei mir zu Hause
terrorisiert ein alkoholkranker Mensch die ganze
Familie:
Bitte helft mir!

So ist Fakt: Es wir nicht geholfen, oder nur
minimalst im Vergleich zu dem Berg von
Schuldzuweisungen, die auf Alkoholikerfamilie
niedergelegt werden.

Und so wird Leben mit einem alkoholkranken
Menschen ein Leben in Verbitterung und in
Tränen.

Es wird ein Leben immer am Abgrund, immer in
der Ungewissheit: Wann wird er oder sie wieder
trinken und uns alle verachten, erniedrigen und
oft sogar misshandeln. Wann wird das Zuhause,
das eigentlich Sicherheit geben sollte, zu einer
Folterkammer und einer Isolationsstation.

Das Leben mit einem Alkoholiker oder einer
Alkoholiker ist ein Leben nahe am Untergang,
aus der Befreiungsversuche zumeist
scheitern...aber nicht scheitern müssen.

Dieses Buch gibt Hilfestellungen zur
Befreiungen für alkoholkranke
Familienangehörige.

Und es ermahnt Frauen und Männer zutiefst:

Heirate nie einen Alkoholiker!
Heirate nie eine Alkoholikerin!

Begib Dich nie in die Abhängigkeit
von einem akoholkranken Menschen

Sichere Dir ein eigenes Zuhause,
unabhängig von dem oder der
Suchtkranken.

Fliehe, sobald Du merkst, dass Dein
Partner oder Deine Partnerin
alkoholkrank ist.

Gib den Kampf gegen die Droge
Alkohol auf, denn die Droge wird
immer stärker sein als Du.

Entferne Dich stattdessen, schnell und

sofort vom Schauplatz der Sucht, denn
Du kannst das Problem Alkohol
niemals eigenständig lösen.

Das Problem wir Dich verschlingen,
es wird Dich überschütten, es wird
auch Dich lähmen und von Tag zu
Tag wirst Du immer hilfloser und
schwächer und mutloser werden,
wenn erst einmal der Dämon Alkohol
Euer Zuhause und Eure Familie
beherrscht und alle Eure Handlungen
im Griff hat.

Befreie Dich!
Befreie Deine Kinder!
Starte mutig ein neues Leben ohne
den alkoholkranken Menschen

OHNE DIE DROGE ALKOHOL!

ZUR AUTORIN

Die Autorin geriet im Alter von 27 Jahren in die
Fänge der Droge Alkohol:
Sie verliebte sich in einen seit Jahren

alkoholkranken Mann.

Solange sie auf Distanz zu dem alkoholkranken
Mann lebte, konnte sie ihre Hochschulstudien
abschließen, wurde Oberstudienrätin,
Diplomingenieurin und promovierte zum Dr.
phil.

Als der alkoholkranke Mann aber immer mehr
Raum in ihrem Leben beanspruchte, brach die
ganze Familie zusammen.

Nur mit größter Mühe und nur durch die Hilfe
ihrer Mutter und von Aussenstehenden gelang es
ihr, wieder eigenen Boden unter den Füßen zu
bekommen.

Das Buch soll allen Betroffenen Mut machen, ein
Leben ohne Alkohol ins Auge zu fassen und die
Droge Alkohol mit dem Alkoholkranken aus
ihrem Leben weg zu bekommen.

ZUR MIT-AUTORIN

Die Mitautorin wuchs in einer Familie auf, in der
der Vater alkoholkrank war.
Nach dem Abitur 1985 studierte sie Psychologie
in Tübingen und schloss das Studium mit dem
Abschluss: Diplom-Psychologin und
systemische Familientherapeutin ab.

www.ingramcontent.com/pod-product-compliance
Lightning Source LLC
Chambersburg PA
CBHW030930060726
47591CB00005B/1730